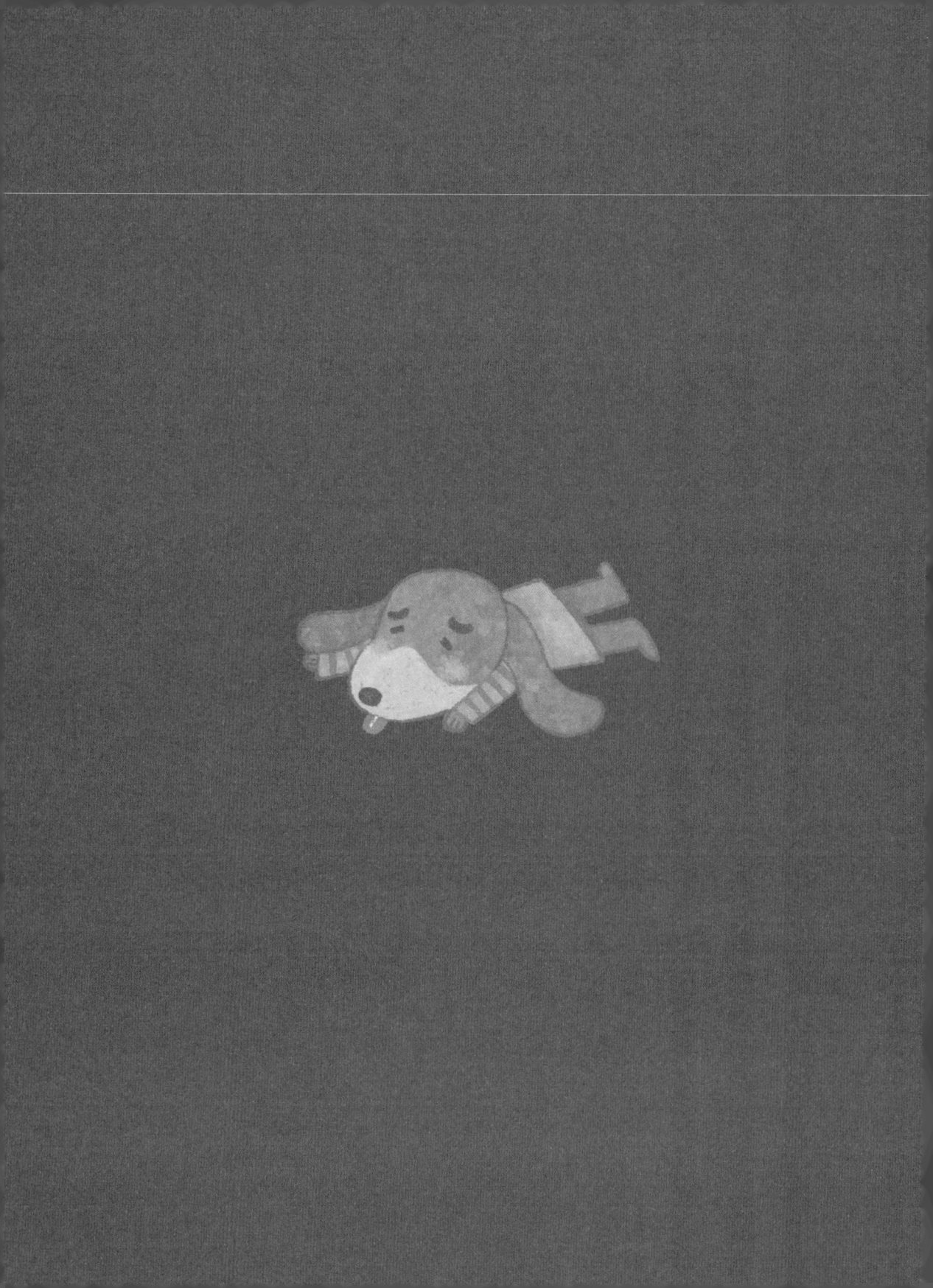

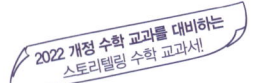

2022 개정 수학 교과를 대비하는
스토리텔링 수학 교과서!

페르마, 수리수리 규칙을 찾아라

초등 3·4학년 수학동화 시리즈 ❻
페르마, 수리수리 규칙을 찾아라(개정판)

3판 1쇄 발행 2024년 2월 15일

글쓴이	황근기
그린이	김보경

펴낸이	이경민
펴낸곳	㈜동아엠앤비
출판등록	2014년 3월 28일(제25100-2014-000025호)
주소	(03972) 서울특별시 마포구 월드컵북로 22길 21, 2층
전화	(편집) 02-392-6901 (마케팅) 02-392-6900
팩스	02-392-6902
전자우편	damnb0401@naver.com
SNS	[f] [◎] [blog]

ⓒ 황근기, 김보경

ISBN 979-11-6363-762-2 (74410)
　　　979-11-6363-750-9(세트)

※ 책 가격은 뒤표지에 있습니다.
※ 잘못된 책은 구입한 곳에서 바꿔 드립니다.

 도서출판 뭉치는 ㈜동아엠앤비의 어린이 출판 브랜드로, 아이들의 지식을 단단하게 만들어 주고, 아이들의 창의력과 사고력을 키워 주어 우리 자녀들이 융합형 창의 사고 뭉치로 성장할 수 있도록 좋은 책을 만들겠습니다.

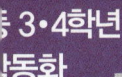
초등 3·4학년
수학동화

2022 개정 수학 교과를 대비하는
스토리텔링 수학 교과서!

✓ 규칙을 수나 식으로 나타내기
✓ 규칙을 찾아 설명하기

페르마, 수리수리 규칙을 찾아라

글 황근기 • 그림 김보경
감수 계영희

뭉치 MoongChi Books

추천의 글

　우리 자녀가 수학도 잘하고, 언어도 잘하면 얼마나 좋을까요? 지름길이 있어요! 바로 수학을 동화 속에서 만나는 것이지요. 수리적인 우뇌와 언어영역인 좌뇌의 성장을 골고루 촉진하는 방법은 바로 스토리텔링으로 하는 수학, 수학동화니까요.

　이 책은 초등 3, 4학년 학생이 읽으면 5, 6학년 수학 내용을 쉽고도 재미있게 터득하도록 기획하였어요. 아이들이 그 동안 알고 있던 동화의 주인공들이 모두 등장하여 화려하고 역동적인 무대가 펼쳐진답니다. 별주부전의 용왕님과 자라, 코가 길어졌던 피노키오, 착한 콩쥐와 심술쟁이 팥쥐, 새엄마와 언니들한테 괄시받다 왕자님과 결혼한 신데렐라, 가난했지만 착했던 흥부, 빨간 구두의 소녀 카렌 등 많은 동화 속의 주인공들이 등장하여 이야기를 흥미진진하게 이끌어가지요. 어렸을 적에 동화 속에서 만났던 주인공들의 이야기는 학습이 이루어지는 시냅스의 연결망에 흔적을 남기고, 훗날 교과서에서 수학을 배울 때 시냅스의 연결망이 자연스레 작동을 하게 되는 거죠.

　책 사이사이에 있는 Tips은 부모님들에게도 교양서의 역할을 톡톡히 할 것입니다. 아이돌 가수의 수는 왜 홀수일까? 옛날 이집트인의 계산법, 공평하게 케이크

를 나누는 방법 등을 배울 수 있어요.

한편 2022년 개정 수학교과 과정에서는 수와 연산, 변화와 관계, 도형과 측정, 자료와 가능성 등 4개 영역으로 통합하였습니다. 이는 초등과 중등의 연계성 강화입니다. 〈초등 3·4학년 수학동화〉 시리즈는 교과 과정 변화에도 공통적으로 성취해야 할 수학 학습 내용이 모두 들어 있습니다. 부모님이 읽은 후 인지하여 서서히 생활 속에서 아이들과 대화를 이끌어나가면 중학수학, 고등수학에서도 유능하고 현명하게 소통하는 부모의 역할을 충분히 잘할 수 있답니다.

현재 세계 수학 교육의 방향을 선도하며 영향력을 미치는 기구로 1920년에 수학 교육 전문가들로 구성된 미국수학교사협의회(NCTM, The National Council of Teachers of Mathematics)가 있습니다. 21세기 인재 양성을 위해 NCTM에서 제시하는 수학 교육의 목표는, 수학적 문제를 해결하는 사람, 수학적으로 의사소통하는 사람, 수학적으로 추론하는 사람입니다. 부디 자녀와 학부모에게 수학적으로 소통할 수 있는 가교의 역할을 하길 기대하면서 이 책을 추천합니다.

계영희
고신대학교 유아교육과 명예교수, 전 한국수학사학회 부회장

작가의 말

초등학생들에게 가장 어려운 과목이 뭐냐고 물어 보면, 많은 어린이들이 '수학'이라고 대답한다고 해요. 2022년 개정 교과과정이 발표되었습니다. 수학 교과서도 검정으로 바뀌었어요. 학교마다 다른 교과서를 사용하지만 여전히 단원 시작 부분에는 스토리텔링을 통해 아이들의 학습 흥미를 유도하고 있어요. 그만큼 스토리텔링 수학은 여전히 중요하답니다. 계산만 잘해서는 수학 문제를 풀기 어려운 것도 많습니다.

그럼 이제 어떻게 수학 공부를 해야 하는 걸까요? 초등학교 때에는 개념을 확실하게 알고 넘어가는 게 중요해요. 「3·4학년 수학 동화 시리즈」는 초등학교에서 꼭 알아야 할 수학 개념을 스토리텔링 형식으로 알려 주는 책이에요.

그중에서 『페르마, 수리수리 규칙을 찾아라』는 여러 가지 규칙에 대해 쓴 책이지요. 규칙도 수학이냐고요? 당연하지요. 규칙 찾기는 수학의 기본이랍니다. 일정하게 배열된 숫자, 도형, 무늬 등을 '규칙'이라고 해요. 벽지 무늬나 목욕탕 타일처럼 일상생활에도 수많은 규칙이 활용되고 있어요. 이런 규칙을 찾는 능력은 수학 공부에 아주 큰 도움이 된답니다.

『페르마, 수리수리 규칙을 찾아라』에는 손오공, 저팔계, 사오정 등 친근한 인물들이 등장해요. 어느 날 동화 나라에 보관

되어 있던 불경이 감쪽같이 사라지면서 이야기가 시작되지요. 이 책의 주인공인 페르마와 매시는 손오공과 친구들을 인간 세계로 안내하는 역할을 해요. 그런데 동화 나라에서 인간 세계로 오는 길에는 구미호 같은 무서운 요괴들이 살고 있어요. 손오공과 친구들은 이 요괴들을 하나 둘 무찌르며 인간 세계를 찾아간답니다.

  그 과정에서 손오공과 친구들은 '구구단의 규칙', '반복·대칭·회전의 규칙', '도형수의 규칙', '수열의 규칙', '생활 속 규칙' 등 여러 가지 다양한 규칙과 마주하게 돼요. 어때요? 여러분도 손오공과 함께 다양한 규칙을 찾아내는 모험을 떠나 보지 않을래요? 어렵지 않아요. 손오공과 함께 모험을 즐기다 보면 저절로 규칙을 발견할 수 있거든요.

  『페르마, 수리수리 규칙을 찾아라』는 재미있는 동화도 읽고, 수학도 배울 수 있는 일석이조의 책이에요. 수학 공부에 관심이 없거나, 수학을 좀 더 재미있게 공부하고 싶어 하는 어린이들에게 이 책을 권하고 싶어요. 책을 다 읽고 나면 여러분은 분명 수학 규칙 찾기가 얼마나 재미있는지 알게 될 거예요.

  자, 그럼 우리 함께 손오공과 함께 흥미로운 모험을 떠나 봐요.

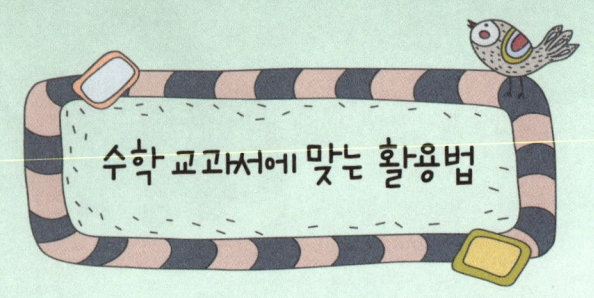

수학 교과서에 맞는 활용법

 2012년 1월 교육과학기술부는 사고력과 창의력을 키우고, 수학에 대한 흥미와 긍정적 인식을 높이기 위한 〈수학교육 선진화 방안〉을 발표하였습니다. 이 수학교육 선진화 방안의 일환으로 '스토리텔링 수학'이 도입되었습니다. 개정된 수학 교과서는 형식은 스토리텔링 수학을, 내용에서는 실생활 연계 통합교과형(STEAM) 수학을 보여주었습니다.

 스토리텔링 수학의 핵심은 수학을 단순히 연산능력이나 공식 암기로 생각하지 않도록 이야기를 활용해 쉽고 재미있게 배운다는 것입니다. 학생들에게 실생활이나 동화의 익숙한 상황을 제시해 수학에 대해 호기심과 흥미를 유발할 뿐 아니라, 더 나아가 수학에 대한 인식을 개선하고 스스로 학습하는 동기를 부여합니다. 예를 들어 수학을 실생활에서 이야기나 과학, 음악, 미술 등의 연계 과목과 함께 접목해 설명하면서 개념을 보다 쉽게 이해하게 하는 학습법입니다.

 이후 2022 개정 교육과정이 발표되었습니다. 수학 교과서가 검정으로 바뀐 뒤 학교마다 다른 교과서를 사용하지만 기본적으로 꼭 알아야 할 성취 기준은 공통입니다. 또한 초중등 수학의 목표는 '초등과 중등의 연계성 강화'입니다. 이를 위해 교과 영역을 통합하고 과정을 간소화합니다. 즉 크게 수와 연산, 변화와 관계, 도형과 측정, 자료와 가능성 등 4개 영역으로 통합하였습니다. 하지만 여전히 단

원 시작은 스토리텔링을 통해 학생들의 호기심과 흥미를 유발합니다.

그럼 스토리텔링 수학은 어떻게 준비해야 할까요? 전문가들은 일상에서 수학적 요소를 파악하는 것에 재미를 느낄 수 있도록 체험 활동과 독서 활동을 추천합니다.

「초등 3·4학년 수학동화」 시리즈는 이러한 수학교육의 변화에 맞춘 학습 동화입니다. 아이들에게 익숙한 명작동화나 전래동화의 주인공들과 저명한 수학자의 이름을 가진 주인공들이 동화나라를 구하기 위해 여러 가지 모험을 펼치는 이야기로 주인공들을 따라가다 보면 자연스럽게 학습 내용을 익히도록 구성되었습니다. 또한 한 장이 끝날 때마다 앞에서 배운 내용들을 정리하고, 책 속 부록인 '역사에서 수학 읽기', '생활 속에서 수학 읽기', '체육에서 수학 읽기' 등은 생활 연계 통합교과형 수학에 부합하도록 구성되어 있습니다.

「초등 3·4학년 수학동화」 시리즈는 수학을 좀 더 재미있고 쉽게 배울 수 있는 최적의 수학 동화 시리즈입니다. 동화 속 주인공들과 함께 신나는 모험을 떠나 보세요. 그러면 자신도 모르는 사이에 수학 개념과 문제 해결 방법을 깨닫고 수학에 흥미를 가지게 될 것입니다.

편집부

사장법사

삼장법사의 제자로, 많은 요괴들이 노린답니다. 손오공이 말을 듣지 않을 때는 주문을 외워 머리띠가 조이도록 해요.

저팔계

인간 세계에 함께 가면 양념통닭 20인분을 사준다는 손오공의 꼬임에 넘어가 또다시 긴 여행을 함께해요.

안개 도깨비와 구미호

사장법사를 노리는 요괴들이에요.

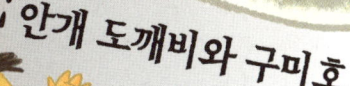

사오정

100년 동안 물속에서만 지내니 심심하던 차에 손오공과 저팔계가 함께 인간 세계로 가자는 말에 금방 따라나서요.

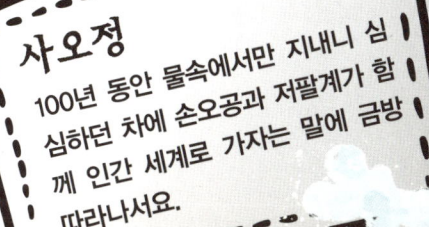

차례

추천의 글 • 4
작가의 말 • 6
수학 교과서에 맞는 활용법 • 8
친구들을 소개할게요 • 10

이야기 하나
사장법사의 제자가 되는 규칙 • 14

📖 곱셈 구구
자료의 정리

이야기 둘
그림의 순서에 따라 여의봉을 고쳐라 • 38

📖 규칙과 대응
도형의 대칭

이야기 셋

안개 도깨비의 도형수 미로 • 64

📖 자료의 정리

이야기 넷

구미호 요괴와 수열 변신 승부 • 82

📖 규칙과 대응

이야기 다섯

알쏭달쏭! 인간 세계의 규칙 • 106

📖 자료의 정리
　　규칙과 대응

"페르마야, 페르마야!"

페르마가 부스스 눈을 뜨고 물었어요.

"누구세요?"

"난 동화 나라의 부처니라."

페르마는 자기가 희한한 꿈을 꾸고 있다고 생각했어요.

"그런데 왜 저를 찾아오셨어요?"

"네 도움이 필요해서 왔느니라. 지금 즉시 매씨와 함께 동화 나라의 규칙사로 가서 사장법사를 찾아라. 거기서 손오공 일행을 인간 세계로 안내해 주는 역할을 해 다오."

"손오공이요? 여의봉을 휘두르고 분신술을 쓰는 그 원숭이 손오공이요? 근데 동화 나라에 있는 손오공을 인간 세계로 데리고 오는 일을 제가 하라고요?"

"그래, 그게 너와 매씨가 할 일이란다. 손오공 일행을 인간 세계로 안내해 주지 못 하면 넌 영원히 동화 나라에 갇히게 될 게다."

페르마는 이상한 꿈에서 깨기 위해 눈을 번쩍 떴어요. 그런데 이게 웬일이에요! 페르마의 눈앞에는 구불구불 끝없이 이어지는 계단이 펼쳐져 있었어요. 페르마는 자기 손으로 볼을 힘껏 꼬집어 봤어요.

"아얏! 아파. 꿈이 아니잖아. 이게 어떻게 된 거지? 난 분명 침대에서 자고 있었는데……."

그때 페르마의 발밑에서 낯선 목소리가 들렸어요.

"주인님, 여긴 동화 나라인 거 같아요."

페르마는 화들짝 놀라 펄쩍 뛰었어요.

"매, 매씨! 지금 네가 말한 거니?"

"개도 동화 나라에서는 말을 할 수 있어요. 동화 속에서는 뭐 지렁이나 달팽이도 말을 하잖아요."

페르마의 입에서 신음 소리가 새어나왔어요.

"끙, 부처님의 말이 사실이었구나. 그럼 이제 어떻게 해야 하지……."

"부처님이 규칙사로 올라가서 사장법사와 손오공을 만나 인간 세계로 안내하라고 했잖아요."

"아차! 그랬지."

페르마와 매씨는 구불구불 이어진 계단을 밟고 규칙사로 올라가기 시작했어요. 계단은 끝없이 이어져 2시간 만에 겨우 규칙사에 도착할 수 있었어요.

페르마와 매씨가 규칙사 안으로 들어서자 사장법사가 반갑게 맞아줬어요.

"오, 네가 인간 세계에서 온 페르마구나?"

"네, 제가 페르마고요. 이 개는 매씨라고 해요. 근데 스님, 손오공은 어디 있어요?"

"거기 앉아서 기다리렴. 조금 있으면 손오공이 나타날 게다."

삼장법사, 손오공, 저팔계, 사오정이 천축에서 불경을 가지고 돌아온 지도 벌써 100년이 지났어요. 그동안 삼장법사는 나이가 들어 죽고, 그 뒤를 수제자인 사장법사가 잇고 있지요. 손오공, 저팔계, 사오정은 원래 자기가 살던 곳으로 돌아가서 살고 있어요.

그 시각, 화과산 수렴동에 사는 손오공의 꿈에도 부처님이 나타났어요.

"오공아, 도둑 홍길동이 천축에서 가져온 불경을 훔쳐 인간 세계로 도망갔단다. 네가 인간 세계로 나가서 도둑맞은 불경을 찾아오너라."

"제가요? 왜 제가 그런 궂은일을 해야 하는데요?"

"지금 당장 규칙사의 사장법사를 찾아가거라. 그리고 사장법사의 제자가 되어 함께 인간 세계로 가거라."

"왜 꼭 사장법사의 제자가 되어 함께 가야 하나요?"

"불경은 사장법사만이 운반할 수 있기 때문이다. 아, 그리고 비밀 주머니를 하나 줄 테니 인간 세계에 도착하면 펼쳐 봐라"

"부처님, 자, 잠깐만요."

손오공은 손을 휘저으며 잠에서 깨어났어요.

"후유, 꿈이었구나. 다행이다."

손오공은 안도의 한숨을 내쉬었어요. 그런데 이게 어떻게 된 일일까요?

"이건 부처님이 꿈에서 주신 비밀 주머니잖아. 이게 왜 머리맡에 있는 거지?"

손오공은 비밀 주머니를 벽으로 휙 던져 버렸어요.

"흥! 왜 내가 불경을 되찾아 와야 해. 난 하기 싫어."

그 순간! 손오공의 머리가 조이기 시작했어요.

"으아아아, 머리가 깨질 거 같아!"

간신히 거울 앞으로 엉금엉금 기어간 손오공은 자신의 모습을 살펴봤어요.

"머, 머리띠가 있잖아."

손오공은 낑낑 대며 머리띠를 빼내려고 했지만, 아무 소용이 없었어요.

그때 허공에서 부처님의 목소리가 들려왔어요.

"오공아! 얼른 규칙사로 가거라. 그 머리띠를 벗길 수 있는 사람은 오직 사장법사뿐이니라."

손오공은 근두운을 타고 순식간에 규칙사로 날아갔어요. 손오공은 사장법사를 보자마자 넙죽 엎드려 절을 했어요.

"사장법사님! 저를 제자로 받아주십시오. 제가 스님을 모시고 인간 세계로 가서 불경을 찾아오겠습니다."

사장법사도 부처님으로부터 손오공을 데리고 인간 세계로 가라는 말을 들었어요. 하지만 손오공이 규칙을 지키지 않고 제멋대로 행동할까 봐 걱정됐어요. 그래서 손오공을 시험해 보기로 했어요.

"난 규칙을 잘 지키는 사람만 제자로 받아들인다."

"법사님, 전 규칙을 아주 잘 지킵니다."

"어허, 동화 나라에서 규칙을 가장 안 지키기로 유명한 네가 아니냐? 옥황상제가 계신 하늘나라를 난장판으로 만들고, 용궁을 때려

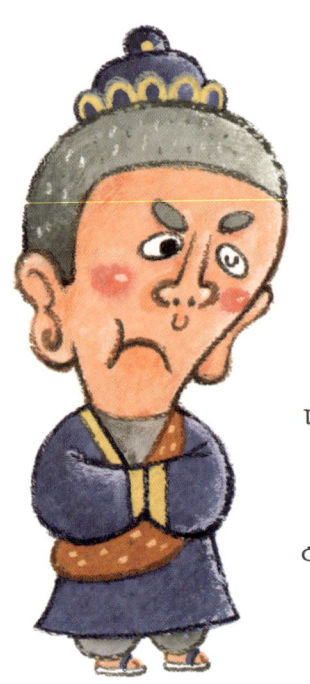

부수고, 온갖 규칙을 어기면서…….."

"스님, 그건 옛날 얘기고요. 저도 이젠 규칙을 아주 잘 지키며 착실하게 살고 있습니다."

"그래? 그럼 일단 네가 규칙에 대해 얼마나 잘 아는지 시험해 보고, 제자로 받아들일지를 결정하겠다."

사장법사는 손오공을 끝없이 이어진 계단 앞으로 데리고 갔어요.

"물지게를 지고 계단 밑으로 내려갔다가 이 계단을 다시 올라오너라."

"에이, 그런 거라면 누워서 떡 먹기지요."

손오공이 물지게를 지고 눈 깜짝 할 사이에 계단 밑으로 내려가자 사장법사가 말했어요.

"구구단 3단의 규칙을 찾아서, 규칙적으로 늘어나는 숫자만큼 계단을 밟고 올라오너라."

손오공은 잠시 걸음을 멈추고 생각에

잠겼어요.

"구구단 3단의 규칙이 뭐지?"

손오공은 속으로 구구단 3단을 외워 봤어요.

"3×1=3, 3×2=6, 3×3=9, 3×4=12, 3×5=15, 3×6=18, 3×7=21, 3×8=24, 3×9=27 여기에 무슨 규칙이 숨어 있는 거지? 가만있자. 규칙적으로 늘어나는 숫자라고 했지. 3, 6, 9, 12, 15, 18, 21, 24, 27. 옳지! 숫자가 3씩 늘어나는 규칙이 숨어 있구나."

구구단 3단의 규칙을 깨달은 손오공은 계단을 3개씩 건너뛰어 밟으며 성큼성큼 올라왔어요.

"법사님, 그럼 이제 저를 제자로……."

"아직 멀었다. 나를 따라오너라."

Tips

인도 구구단 19단의 규칙

우리나라는 구구단을 가르치지만, 인도의 초등학교에서는 19단을 가르쳐요. 19단 학습은 인도 아이들에게 수에 대한 자신감을 심어 주지요. 19단을 익히면 사칙연산을 빠르고 정확하게 할 수 있어요. 또 수의 규칙을 잘 알 수 있지요. 19단을 무작정 외우려면 힘이 들지만 19단의 규칙을 알면 쉽게 익힐 수 있답니다.

➕규칙 1 : 19단도 구구단과 마찬가지로 같은 수를 거듭해서 더해 가면 수가 일정한 간격을 두고 커지는 규칙이 있어요.

예) $12 \times 12 = 12+12+12+12+12+12+12+12+12+12+12+12 = 144$

➕규칙 2 : 덧셈, 뺄셈으로 쪼개어 익혀보기

11단은 (10+1)단, 19단은 (20−1)단으로 쪼개어 생각하면 쉽게 익힐 수 있어요. 다른 단도 이와 같이 생각하여 9단은 (10−1)단, 13단은 (10+3)단, 17단은 (20−3)단으로 쪼개어 생각할 수 있어요. 이렇게 19단을 익히는 중에 수학의 중요한 법칙인 분배법칙도 자연스럽게 이해할 수 있어요.

예) $11 \times 11 = (10+1) \times 11 = 10 \times 11 + 1 \times 11 = 121$
   $19 \times 12 = (20-1) \times 12 = 20 \times 12 - 1 \times 12 = 228$

×	1	2	3	4	5	6	7	8	9	10	11	12	13	14	15	16	17	18	19
1	1	2	3	4	5	6	7	8	9	10	11	12	13	14	15	16	17	18	19
2	2	4	6	8	10	12	14	16	18	20	22	24	26	28	30	32	34	36	38
3	3	6	9	12	15	18	21	24	27	30	33	36	39	42	45	48	51	54	57
4	4	8	12	16	20	24	28	32	36	40	44	48	52	56	60	64	68	72	76
5	5	10	15	20	25	30	35	40	45	50	55	60	65	70	75	80	85	90	95
6	6	12	18	24	30	36	42	48	54	60	66	72	78	84	90	96	102	108	114
7	7	14	21	28	35	42	49	56	63	70	77	84	91	98	105	112	119	126	133
8	8	16	24	32	40	48	56	64	72	80	88	96	104	112	120	128	136	144	152
9	9	18	27	36	45	54	63	72	81	90	99	108	117	126	135	144	153	162	171
10	10	20	30	40	50	60	70	80	90	100	110	120	130	140	150	160	170	180	190
11	11	22	33	44	55	66	77	88	99	110	121	132	143	154	165	176	187	198	209
12	12	24	36	48	60	72	84	96	108	120	132	144	156	168	180	192	204	216	228
13	13	26	39	52	65	78	91	104	117	130	143	456	169	182	195	208	221	234	247
14	14	28	42	56	70	84	98	112	126	140	154	168	182	196	210	224	238	252	266
15	15	30	45	60	75	90	105	120	135	150	165	180	195	210	225	240	255	270	285
16	16	32	48	64	80	96	112	128	144	160	176	192	208	224	240	256	272	288	304
17	17	34	51	68	85	102	119	136	153	170	187	204	221	238	255	272	289	306	323
18	18	36	54	72	90	108	126	144	162	180	198	216	234	252	270	288	306	324	342
19	19	38	57	76	95	114	133	152	171	190	209	228	247	266	285	304	323	342	361

사장법사는 손오공을 뒷마당으로 데리고 갔어요. 규칙사 뒷마당에는 장작이 산더미처럼 쌓여 있었어요.

"이 장작들을 합쳐 홀수가 되도록 정리해 놓아라."

오른쪽에 있는 장작은 3,5,7,9… 홀수 묶음으로 되어 있었고, 왼쪽에 있는 장작은 2,4,6,8,10… 짝수 묶음으로 되어 있었어요.

"끙, 이 장작들을 합쳐서 어떻게 홀수가 되도록 정리하지?"

손오공은 머리가 지끈지끈 아팠어요.

그때 손오공을 지켜보고 있던 페르마가 다가왔어요.

"안녕, 손오공! 너 정말 책에서 보던 모습이랑 똑같이 생겼구나. 난 페르마라고 해. 널 인간 세계로 안내해 주는 일을 맡게 됐어."

"그래? 네가 인간 세계로 가는 길을 알아?"

"내가 아니고, 매씨가 인간 세계로 가는 길을 찾을 수 있어."

페르마는 장작의 개수가 모두 홀수가 되도록 쌓는 방법을 알려주려고 했어요. 하지만 자존심이 센 손오공은 페르마의 도움을 거부했어요.

"함부로 나서지 마. 난 못 하는 게 없는 손오공이라고! 내 힘으로 규칙을 찾아내고 말 테다."

하지만 손오공이 계속 머리를 쥐어뜯고 있자, 페르마는 속이 터졌어요. 페르마는 손오공의 자존심을 건드리지 않고, 힌트를 줄 방법을 생각해 냈어요.

페르마는 제일 먼저 장작 3개 묶음과 장작 2개 묶음을 하나로 묶어 5개로 만들었어요. 두 번째로는 장작 4개 묶음과 장작 3개 묶음을 하나로 묶어 7개로 만들었어요. 그런 다음 손오공을 한번 슬쩍 쳐다봤어요.

그 모습을 본 손오공은 규칙을 깨달았어요. 하지만 자존심 강한 손오공은 마치 자기가 생각해 낸 것처럼 머리를 딱! 치며 소리쳤어요.

"아, 이제야 생각났네. 짝수에 홀수를 더하면 홀수가 되는 거였지. 2+3=5, 4+3=7, 6+3=9……."

규칙을 깨달은 손오공은 머리카락을 쏙 뽑아 주문을 외웠어요.

"수리수리 분신술! 변해라 얍!"

그러자 펑! 소리와 함께 손오공의 분신들이 나타났어요.

"애들아, 내 말 잘 들어. 짝수에 홀수를 더해야 홀수가 된다. 그러니까 짝수로 묶여 있는 장작과 홀수로 묶여 있는 장작을 하나씩 더해서 묶어 차곡차곡 쌓아라. 알겠느냐?"

"네!"

손오공의 분신들은 순식간에 장작더미를 쌓았어요.
손오공은 의기양양하게 사장법사를 찾아갔어요.

"법사님, 장작을 다 쌓았습니다."

"오, 벌써? 설마 다른 사람의 도움을 받은 건 아니겠지?"

"다, 다른 사람이라뇨? 그런 일 없습니다. 꼭 제 힘으로 해야 하는 일이라고 생각하니까 저도 모르게 힘이 나서……. 하하하."

사장법사가 눈을 갸름하게 뜨고 손오공을 바라보자, 손오공은 더운지 자꾸 손으로 땀을 닦았어요.

"장작 쌓기는 네가 홀수와 짝수의 규칙을 잘 알고 있는지 시험해 본 것이다. 홀수와 짝수 규칙을 깨달았느냐?"

"네, 스님! 홀수와 짝수 규칙은 확실히 깨달았습니다."

사장법사는 자만하는 손오공이 마음에 안 들었어요.

"그래? 그럼 한 가지만 더 물어보마. 홀수를 쭉 늘어놓았을 때 40번째 홀수가 뭔지 말해 보아라."

"네에? 그걸 어떻게……."

그러자 사장법사가 1부터 홀수를 차례로 쓰고 이어서 그 위에 짝수도 차례로 썼어요.

2	4	6	8	10	12	14	16	18	20	…
↕	↕	↕	↕	↕	↕	↕	↕	↕	↕	
1	3	5	7	9	11	13	15	17	19	…

"오공아, 이처럼 홀수와 짝수의 관계만 잘 따져 보면 80번째 홀수도 어렵지 않게 찾을 수 있단다. 홀수와 짝수의 관계가 어떠냐?"

"홀수가 짝수보다 항상 1이 작네요."

"그렇지. 5번째 짝수는 그 두 배인 10이고, 5번째 홀수는 10보다 1이 작은 9가 되는 거지. 따라서 40번째 짝수는 그 두 배인 80이고, 홀수는 80보다 1이 작은 79가 되는 거란다."

"우와, 그런 규칙이 있었군요."

"이제 알겠느냐? 네가 홀수와 짝수의 규칙을 다 알고 있다고 자만한 게 얼마나 어리석은 짓인지 깨달았느냐 말이다."

"네, 스님. 확실히 깨달았습니다. 그럼 이제 절 제자로……."

"이제 마지막 시험만 통과하면 널 제자로 받아주마."

"네에? 시험이 또 있어요?"

"왜 싫으냐? 싫으면 지금이라도 관두어라."

"아, 아닙니다."

사장법사는 가부좌를 튼 자세로 목탁을 두드리며 말했어요.

"우선 내가 목탁을 몇 번 치는지 세어 보아라."

사장법사는 염불을 외우며 목탁을 두드렸어요.

"똑, 똑, 똑, 똑……."

목탁소리가 멈추자, 손오공이 씨익 웃으며 말했어요.

"정확히 100번 치셨습니다."

"자, 그럼 1부터 100까지의 수를 모두 더해 보아라."

"1+2+3+4+5+6+7+8+9+10……."

손오공이 1부터 100까지의 숫자를 다 더하려고 하자 사장법사가 말했어요.

"단, 계산을 하면 안 되고, 규칙을 찾아내야 한다. 난 지금부터 10분간 목탁을 두드리고 있을 것이다. 이 목탁 소리가 끝날 때까지 규칙을 찾아내지 못하면 널 제자로 받아들일 수 없다."

손오공은 땅바닥에다 1부터 100까지 숫자를 적어 봤어요. 그 수를 다 더해 답을 찾는 것도 엄청 어려워 보였어요.

손오공은 8분이 지나도록 규칙을 찾아내지 못했어요. 째깍째깍, 시간은 점점 빨리 흘러갔어요.

그때 옆에서 지켜보던 페르마에게 좋은 꾀가 생각났어요.

"매씨야, 너 혹시 더하기 할 줄 알아?"

손오공은 자존심이 강해 직접 가르쳐 주면 화를 내니까 매씨를 통해 간접적으로 힌트를 주기로 한 거예요.

"내가 문제를 낼 테니까 한 번 알아맞혀 봐. 1 더하기 100은?"

"101이요."

"2 더하기 99는?"

"101이죠."

"3 더하기 98은?"

"101이잖아요. 왜 귀찮게 똑같은 답이 나오는 문제만 내는 거예요?"

그러자 페르마는 일부러 손오공에게 들리도록 큰 소리로 말했어요.

"그래, 답이 계속 101이 나오지. 1+100, 2+99, 3+98, 4+97, 5+96… 이렇게 1부터 100까지 계속 더하면 모두 값이 101, 101, 101, 101이 100개 나올 거야."

페르마와 매씨의 대화를 귀담아 들은 손오공은 간신히 규칙을 알아냈어요. 하지만 손오공은 페르마와 매씨의 대화를 전혀 못 들은 척하며 사장법사 앞으로 나갔어요.

"스님, 제가 답을 찾아냈습니다."

"오, 그래? 답이 뭐냐?"

"5,050입니다."

"규칙은 찾았느냐?"

```
   1 + 2 + 3 + … + 98 + 99 + 100
) 100+99+98+ … + 3 + 2 + 1
─────────────────────────────────
  101 101 101 …   101 101  101
```

"1부터 100까지의 숫자 밑에 거꾸로 100부터 1까지의 숫자를 쓰면 101이 100개가 나옵니다. 이 합은 101×100=10,100이지요. 하지만 이것은 1부터 100까지를 두 번 더한 것이므로 나누기 2를 해야 합니다. 그래서 5,050이라는 답이 나왔습니다."

사장법사는 약간 놀란 듯한 표정으로 손오공을 바라봤어요.

"동화 나라에서 규칙을 가장 안 지키기로 소문난 네가 수학 규칙은 제법 잘 찾아내는구나."

"스님, 그건 아주 옛날 얘기라니까요. 전 요즘 정말 규칙을 잘 지키며 살고 있어요."

"오냐. 알겠다. 약속대로 널 제자로 받아들이마."

"감사합니다. 스님! 꼭 스님을 모시고 인간 세계로 가 도둑맞은 불경을 찾아오겠습니다."

사장법사가 자리에서 일어나며 말했어요.

"오공아, 인간 세계로 가는 길에는 온갖 요괴가 득실거린다고 들었다. 네가 삼장법사님과 천축으로 갈 때 저팔계와 사오정과 힘을 합쳐 요괴들을 물리쳤지?"

"네. 맞습니다."

"그러니 이번에도 저팔계, 사오정과 함께 가면 좋겠구나."

"알겠습니다, 법사님. 제가 저팔계와 사오정을 규칙사로 데리고 오겠습니다."

"페르마와 매씨도 함께 데려갔다 오너라."

"인간 세계에서 온 꼬마랑 개가 무슨 도움이 된다고……."

"어허, 시키는 대로 하여라."

"하지만 괜히 짐만 되지 않을까요? 저 혼자 가는 게 훨씬 더 빠를 텐데요."

손오공이 자꾸 고집을 부리자 사장법사가 주문을 외웠어요.

"조여라 조여라 머리띠……. 중얼중얼."

"으아아아아, 머리야! 버, 법사님. 데리고 갑니다요. 페르마랑 매씨를 데리고 간다니까요. 제발 주문은 외우지 말아주세요. 제발!"

사장법사가 주문을 외우는 걸 멈추자 손오공은 재빨리 페르마랑 매씨를 근두운에 태우고 저팔계를 찾아 떠났어요.

수열

구구단 숫자처럼 일정한 규칙에 따라 차례대로 수를 늘어놓은 것을 수학에서는 수열이라고 하고, 수열을 이루는 하나하나를 '항'이라고 해요. 그리고 구구단처럼 각 항을 늘어놓았을 때 이웃하는 두 항 사이의 차이가 일정한 수열을 '등차수열'이라고 하지요.

덧셈의 짝수와 홀수 규칙

짝수에 홀수를 더하면 홀수가 돼요. 물론 홀수에 짝수를 더해도 홀수가 되지요. 하지만 짝수와 짝수를 더하거나, 홀수와 홀수를 더하면 짝수가 된답니다.

곱셈의 짝수와 홀수 규칙

짝수와 짝수를 곱하거나 짝수와 홀수를 곱하면 짝수가 돼요.
2×2=4 , 2×3=6 , 2×4=8 4×5=20
홀수와 홀수를 곱하면 홀수가 돼요.
3×3=9, 3×5=15, 5×9=45, 9×9=81
아무리 숫자가 커져도 이 규칙에는 변함이 없어요.

논리에서 수학 읽기

거북과 아킬레스의 달리기
'제논의 역설'

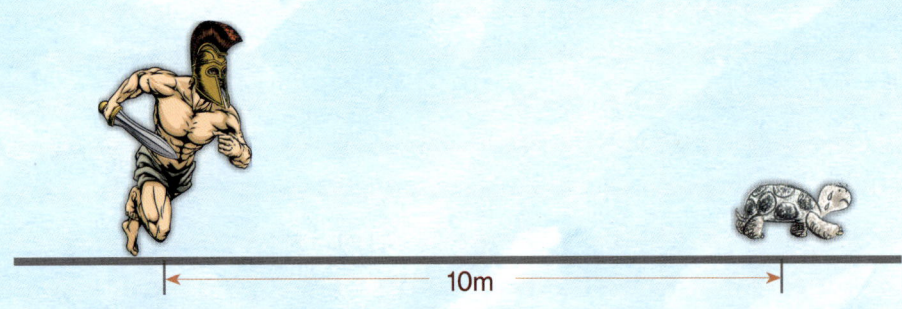

거북보다 10배 빨리 달리는 아킬레스와 거북이 100m 달리기 시합을 한다고 생각해 봐요. 이때 거북의 달리는 속도가 느리므로 공정한 시합을 위해서 거북이 아킬레스보다 10m 앞에서 출발하기로 했어요. 제논은 이렇게 하면 아킬레스는 영원히 거북을 따라 잡지 못한다고 주장했어요.

아킬레스가 10m를 달리는 동안 거북은 1m를 달려요. 다시 아킬레스가 1m를 가면 거북은 10cm를 가게 되고, 아킬레스가 10cm을 가는 동안 거북은 또 1cm을 가니까요. 이런 상황이 계속 반복되면서 둘 사이의 거리는 점점 줄어들겠지만, 아킬레스는 영원히 거북을 따라 잡지 못한다는 거예요.

이런 괴상한 주장을 한 사람은 제논이라고 하는 수학자예요. 그래서 이 이야기를 '제논의 역설'이라고 하지요. 하지만 실제로는 이런 일이 벌어지지 않아요. 이런 일은 수학적인 계산으로만 가능하기 때문이지요. 그렇다면 실제로는 어떻게 될까요?

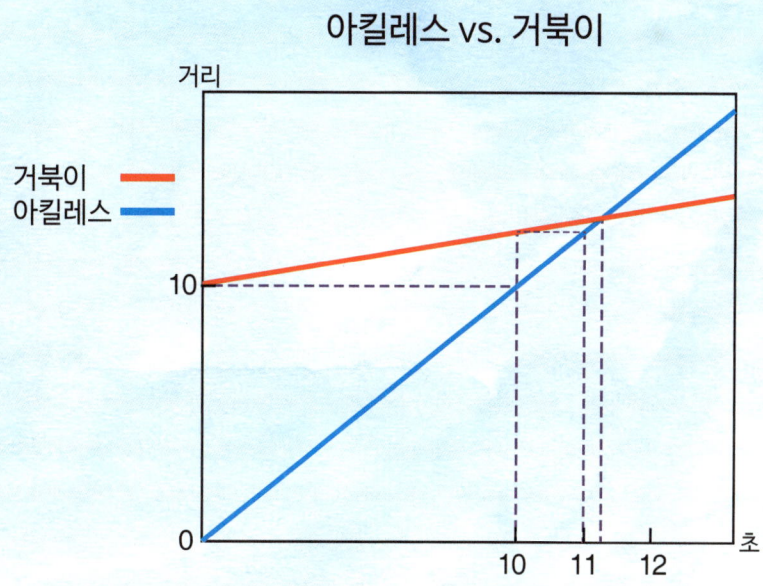

시간이라는 변수를 함께 생각해 보면 쉽게 이해할 수 있어요. 거북보다 10배 빠른 아킬레스가 거북의 출발점까지 오는 시간이 10초라고 한다면, 10초 후에 거북이 있던 위치를 지나는 시간은 1초가 걸리고, 다시 11초 후의 거북의 위치를 지나는 시간은 0.1초가 걸려요.
따라서 약 12초 후에 아킬레스는 거북을 제칠 수 있답니다.

이야기 2

그림 순서에 따라 여의봉을 고쳐라

📖 규칙과 대응
도형의 대칭

손오공 일행은 저팔계가 살고 있는 복릉산 운잔동 동굴을 찾아갔어요.

"이리 오너라, 저팔계야."

손오공이 동굴 입구에서 소리를 지르자 갑자기 커다란 바위가 날아왔어요. 손오공은 간신히 머리를 숙여 바위를 피했어요.

"감히 어떤 녀석이 내 이름을 함부로 부르냐?"

저팔계는 삼지창을 들고 씩씩거리며 동굴 밖으로 달려 나왔어요. 그러다 손오공을 보고는 갑자기 공손한 태도를 취했어요.

"아이쿠, 형님! 이게 얼마 만이에요? 100년 전에 보고 처음이네요."

"팔계야, 너 성격 급한 건 여전하구나. 이름 한 번 불렀다고 바위부터 집어 던지다니."

"죄송해요. 요즘 제가 사는 이 동굴을 노리는 요괴들이 많아서 신경이 좀 날카로워져 있어요. 그건 그렇고. 애들은 누구예요?"

"아, 얘는 페르마라고 하고, 이 개는 매씨라고 해. 둘 다 인간 세계에서 온 애들이야."

"왜 인간 세계에 사는 애들이 여기에 와 있는 거죠?"

"팔계야, 실은 말이다……."

손오공은 그동안의 일을 저팔계에게 자세히 얘기해 줬어요.

"네에, 정말이요? 100년 전에 천축에 다녀오느라 얼마나 고생했는데, 이번엔 그보다 더 먼 인간 세계까지 간다고요?"

"팔계야, 나도 하고 싶어서 하는 일이 아니야."

손오공은 자기 머리띠를 손가락으로 가리켰어요.

"이 머리띠를 벗으려면 부처님의 말씀을 따를 수밖에 없어. 임무를 완수하면 사장법사님께서 머리띠를 벗겨준다고 했거든."

"형님, 제가 이런 소리 한다고 너무 야속하게 생각하지 마세요. 형님은 머리띠를 벗기 위해 인간 세계에 가야 하지만, 저는 안 가도 그만 아닌가요?"

저팔계는 손오공의 시선을 피하며 말했어요.

손오공이 생각해도 저 팔계의 말은 틀리지 않았어요. 손오공은 저팔계의 약점을 파고 들기로 했어요.

"팔계야, 너 인간 세계에서 파는 양념통닭이라고 아니?"

저팔계는 자기도 모르게 군침을 꿀꺽! 삼켰어요.

"그게 그렇게 맛있다고 하던데, 인간 세계에 가면 내가 양념통닭을 10인분은 사 줄 수 있는데…….”

저팔계는 잠시 생각에 잠겼어요. 그러더니 심각한 표정으로 말했어요.

"20인분!"

"좋아, 20인분 사주마. 그럼 같이 가는 거지?"

"당연하죠. 형님, 제가 양념통닭 때문에 함께 가는 게 아니라는 거 아시죠? 전 의리 때문에 함께 가는 겁니다. 의리! 아시죠?"

다음으로 손오공은 페르마, 저팔계와 함께 사오정이 살고 있는 '고요한 물'을 찾았어요.

"오정아!

"사오정아, 손오공 형님과 나 저팔계가 왔다. 모습을 보여라!"

손오공과 저팔계가 고래고래 소리를 질렀지만, 아무런 반응이 없었어요.

"형님, 사오정이 여기 사는 거 확실해요?"

"응, 아마 물속이라 우리 목소리가 잘 안 들리는 걸 거야. 물속으로 돌이라도 던져 볼까?"

"그런 거라면 제게 맡겨주세요."

저팔계는 커다란 바위를 두 손으로 번쩍 들어 물속으로 집어던졌어요. 풍덩! 소리와 함께 엄청난 물보라가 생겼지요. 그러자 물속에서 사오정이 머리를 쑥 내밀며 소리쳤어요.

"저팔계 형! 지금 뭐하는 거예유? 바위가 내 머리에 떨어질 뻔 했잖아유."

사오정은 말투가 좀 느리고, 귀가 어두웠어요. 사오정은 몸에 묻은 물기를 탁탁 털며 느릿느릿 물 밖으로 걸어 나왔어요.

"어, 손오공 형님도 오셨네유. 또 무슨 일이라도 생긴 거예유?"

손오공은 사오정에게 그 동안의 일을 자세히 얘기

해 줬어요. 그러자 사오정이 엉뚱한 소리를 했어요.

"네에, 정말이유? 형님 머리띠를 사러 인간 세계로 가는데 함께 가자구유?"

"오정아, 그게 아니고……."

"좋아유. 그렇지 않아도 100년 동안 물속에만 있다 보니까 엄청 심심했는데 마침 잘 됐네유. 이 기회에 인간 세계도 구경하고, 전 좋아유."

잠시 후, 손오공과 친구들은 화과산 수렴동으로 향했어요. 손오공은 수렴동의 지하 창고로 내려갔어요.

"형님, 지하 창고에는 왜 가는 거예요?"

"여의봉을 가져가야 하거든."

"여의봉을 지하 창고에 뒀어요?"

"100년 동안 동화 나라에는 아무 일도 일어나지 않았잖니? 그래서 창고에 넣어두고 100년 동안 한 번도 여의봉을 꺼내 본 적이 없어."

손오공은 지하 창고에서 먼지가 잔뜩 쌓인 상자 하나를 꺼냈어요. 그곳에서 30센티미터 크기의 여의봉을 꺼냈죠.

"으차, 어디 오랜만에 여의봉을 휘둘러 볼까. 늘어나라! 여의봉!"

하지만 여의봉은 꼼짝도 하지 않았어요. 여의봉이 늘어나지 않자 당황한 손오공은 더 큰 소리로 외쳤어요.

"여의봉, 늘어나라!"

역시나 여의봉은 손톱만큼도 늘어나지 않았어요.

"끙, 여의봉이 왜 이러지?"

옆에서 지켜보던 페르마가 나섰어요.

"혹시 여의봉이 고장 난 게 아닐까? 여기 녹슨 것 좀 봐. 100년 동안 한 번도 안 썼으니 녹이 슬만도 하지."

"끙, 그럼 어떡하지? 용궁까지 가야 하나?"

"용궁?"

"그래, 여의봉은 원래 용궁의 물건이거든. 그러니까 용궁에 가면 여의봉을 수리할 수 있을지도 몰라."

이렇게 해서 손오공과 친구들은 용궁을 찾아갔어요.

"어, 분명 여기가 용궁 입구였는데……. 이상하다."

손오공이 용궁 입구를 찾지 못하고 헤매자 성격 급한 저팔계가 짜증을 냈어요.

"아, 형님! 겨우 100년 밖에 안 지났는데, 그새 용궁 입구가 어디 있는지도 까먹었어요?"

예전에 손오공은 용궁에 와서 제멋대로 행패를 부리고, 용궁의 보물이었던 여의봉을 빼앗아 갔어요. 그 후 용왕은 아무나 용궁에 들어오지 못하도록 용궁의 입구를 최신식으로 바꾸고, 용궁으로 들어오는 길도 아주 복잡하게 미로처럼 만들었어요.

이런 사실을 알 리 없는 손오공은 한참 만에 용궁 입구를 찾을 수 있었어요.

"드디어 입구를 찾았다. 들어가자."

하지만 손오공은 입구 앞에 멈춰 설 수밖에 없었어요. 쇠로 된 회전문이 빠른 속도로 빙빙 돌고 있었거든요.

"아유, 어지러워유. 정신이 하나도 없구먼유."

사오정은 어지러운 듯 머리를 빙글빙글 돌렸어요.

"끙, 저 문을 어떻게 통과하지?"

"형님, 그냥 힘으로 부수고······."

"팔계야, 우린 지금 여의봉을 수리하려고 용궁을 찾아온 거야. 우리가 문을 부수고 들어가면 용왕이 여의봉을 수리해 주겠냐?"

손오공이 해결책을 찾지 못하고 있자 페르마가 나섰어요.

"음, 규칙만 찾으면 들어갈 수 있을 거 같은데? 회전하는 통을 잘 봐. 회전하는 둥근 문 안에 부채꼴 모양으로 문이 있잖아."

손오공 일행은 둥근 문 안에 있는 부채꼴 모양의 문을 뚫어져라 바라봤어요. 둥근 통 안의 부채꼴 모양의 문은 90°인데, 그 문은 시계 반대 방향으로 360° 회전하고 있었어요. 하지만 손오공, 저팔계, 사오정은 그 규칙을 전혀 눈치 채지 못했어요.

결국 페르마는 매씨에게 넌지시 물었어요.

"매씨야, 너는 어떻게 저 문을 통과해야 할지 알겠니?"

손오공, 저팔계, 사오정은 귀를 쫑긋 세우고 페르마와 매씨의 말을 엿들었어요.

"그럼요. 둥근 통 안의 부채꼴 모양의 저 문은 90°인데, 한번 회

전할 때마다 45°씩 시계 반대 방향으로 회전하고 있잖아요. 이렇게 저 문은 5초에 한번 45° 반시계 방향으로 회전해요. 그러니까 40초 후에는 다시 제자리로 돌아오는 셈이죠."

페르마는 손오공 일행이 들을 수 있게 큰 소리로 말했어요.

"아하, 그러니까 40초마다 한 명씩 문 안으로 들어가면 되겠구나."

페르마와 매씨가 회전문의 규칙을 찾아 낸 덕분에 손오공 일행은 무사히 용궁 안으로 들어갈 수 있었어요.

"우와, 내가 전에 왔을 때하고는 완전히 달라졌어. 구조도 바뀌고 실내 장식도 다 바뀌었네. 옛날에는 용궁 입구에 이런 타일이 없었는데……."

페르마도 용궁 입구를 장식하고 있는 타일을 보고 감탄했어요.

"우와, 타일을 규칙적으로 붙여 놨네. 정말 예쁘다."

그러자 손오공이 고개를 갸웃했어요.

"페르마, 벽에 붙어 있는 타일에 무슨 규칙이 있니?"

페르마는 손오공에게 타일이 어떻게 규칙적으로 바뀌는지 설명해줬어요

"이것 봐! 녹색이 칠해져 있는 타일은 '좌우로 뒤집기'로 규칙적

으로 반복되고 있잖아."

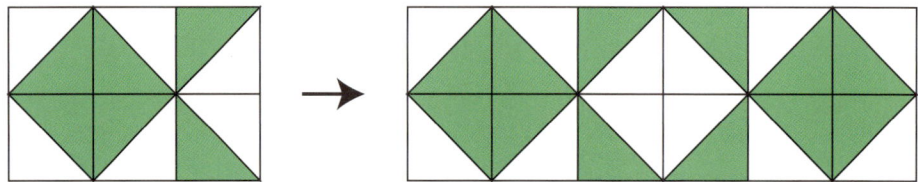

그제야 손오공 일행도 타일의 규칙을 눈치 챘어요.

"아하, 그렇구나."

조금 더 안으로 들어가자 이번에는 아주 긴 복도가 나타났어요. 손오공은 긴 복도를 장식하고 있는 타일이 마음에 들었나 봐요. 자존심도 잊고, 자기도 모르게 페르마에게 물었어요.

"페르마, 이 타일에도 무슨 규칙이 숨어 있니?"

"이건 '위 아래로 뒤집기'와 '밀기'가 반복되어 있는 타일 무늬 장식이야."

"모양과 색깔이 반복되는 규칙은 아주 단순하지만 아름답구나."

손오공은 신기한 듯 긴 복도를 장식하고 있는 타일 무늬에서 눈을 떼지 못했어요.

긴 복도를 지나자 어마어마하게 큰 문이 나타났어요. 갑옷을 입은 자라가 그 큰 문을 지키고 있었어요. 손오공 일행이 가까이 다가가자 자라가 물었어요.

"멈춰라! 너희들은 누구냐?"

"저는 손오공이라고 합니다. 그리고 이 친구들은……."

"뭐, 손오공?"

자라가 빨간색 버튼을 누르자 어디선가 용궁을 지키는 친위대 병사들이 나타났어요. 물고기 병사들은 황금색 갑옷을 입고 날카로운 창을 든 채 손오공 일행을 위협했어요.

"손오공, 또 무슨 일로 용궁을 찾아왔느냐?"

자라가 손오공을 경계하자 손오공은 양손을 높이 들고 말했어요.

"제가 용궁을 찾은 건 여의봉이 녹슬어서 수리를 좀 부탁하러 온 거예요. 용왕님을 만나게 해 주세요."

그제야 자라는 경계를 풀고, 친위대 병사들을 뒤로 물렸어요.

"나를 따라오너라."

자라가 어마어마하게 큰 문을 열자 넓은 응접실이 나타났어요. 응접실은 온통 기하학적 무늬로 장식되어 있었어요.

"와, 이 응접실을 장식한 무늬는 정말 아름답네요."

손오공이 칭찬을 하자 자라가 엷은 미소를 띠며 말했어요.

"이 응접실은 모두 테셀레이션 무늬로 장식되어 있다."

"테, 테셀레이션이요?"

"아차차, 내가 너무 어려운 말을 했구나. 넌 원숭이라서 장식에 대해서는 잘 모르지."

자라 장군의 무시하는 말에 손오공은 화가 났어요. 하지만 여의봉을 수리해야 하는 처지라 손오공은 화를 꾹 참으며 말했어요.

"하하하! 제가 잘 모르니, 자라 장군님께서 테셀레이션이 뭔지 좀 알려주세요."

자라 장군은 거만한 표정으로 말했어요.

"두 가지 이상의 도형을 이용해 틈이나 포개짐 없이 평면이나 공간을 완전하게 덮는 것을 테셀레이션이라 한다. 인간 세계에는 길에 보도블록이 깔려 있고, 건물의 바닥이나 벽에도 타일 조각들이 규칙적이면서 빈틈없이 서로 겹치지 않게 붙어 있지. 이런 것을 모두 테셀레이션이라고 한다."

응접실을 지나자 자라 장군이 손오공 일행에게 말했어요.

"여기부터는 너희들만 가야 한다. 이쪽으로 쭉 가다보면 동서남북 사방으로 뻗은 복도가 나타날 거다. 벽면에 그려진 화살표 모양을 잘 따라가면 용왕님을 뵐 수 있을 거다."

자라 장군은 수수께끼 같은 말을 남기고 왔던 길을 되돌아갔어요.
 손오공과 친구들은 복도 벽에 장식되어 있는 화살표를 보며 걸어갔어요.

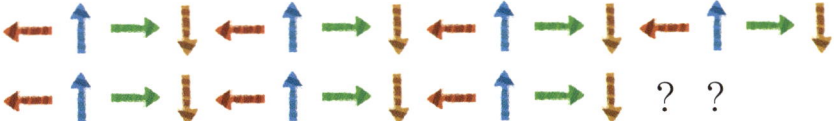

복도 끝에는 수수께끼 같은 말이 적혀 있었어요.

> 30번째 올 화살표의 방향으로 가면
> 용왕님의 접견실이 있습니다.

"어, 이게 뭐야? 30번째 올 화살표를 어떻게 알아?"

손오공이 당황해서 소리치자 페르마가 신중하게 말했어요.

"혹시 규칙이 숨어 있는 게 아닐까? 규칙만 찾아내면 30번째 올 화살표가 뭔지 알 수 있을 거야."

손오공 일행은 지나 왔던 복도를 다시 되돌아가서 숨어 있는 규칙을 찾아봤어요. 하지만 아무리 봐도 규칙이 숨어 있는 것 같지 않았어요.

"29번째 화살표가 있어야 30번째 화살표 방향을 알 수 있잖아."

"맞아, 그런데 지금은 화살표가 28개밖에 없어."

그때 페르마가 소리쳤어요.

"아하! 마디를 알면 반복되는 규칙을 알 수 있어."

손오공은 재빨리 화살표를 살펴봤어요.

"아, 찾았다. 마디!"

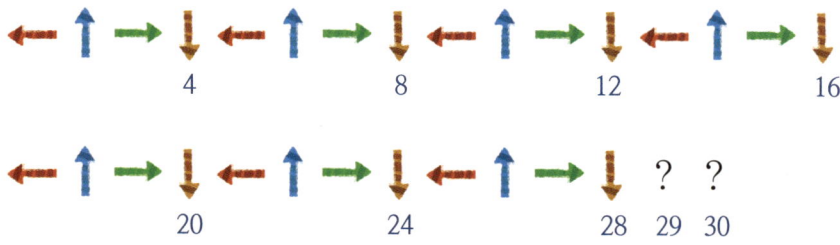

손오공이 저팔계와 사오정에게 말했어요.

"얘들아, 잘 봐! 이 화살표는 4개가 하나의 마디가 되어 반복되고 있어. 4×7=28이잖아. 그러니까 28번째까지 마디가 7번 반복되는 거야."

그러자 저팔계가 호들갑을 떨었어요.

"아하, 그러니까 새로 8번째 마디가 시작되는 29번째 화살표는 ← 이고, 30번째 화살표는 ↑ 이겠네요."

"그렇지! 용왕의 접견실은 ↑ 방향에 있는 거였어."

손오공과 저팔계는 손바닥을 짝 마주쳤어요.

손오공이 접견실로 걸어 들어오자 용왕은 펄쩍 뛰었어요.

"앗, 넌 용궁을 난장판으로 만들고, 여의봉을 빼앗아간 손오공이 아니냐? 왜 또 왔느냐?"

손오공은 양손을 앞으로 모으고 공손이 말했어요.

"용왕님, 전에는 제가 잘못했습니다. 늦었지만 사과드릴게요. 용서해 주세요."

하지만 용왕은 쉽게 경계를 풀지 않았어요.

"제가 오늘 온 이유는 여의봉이 녹이 슬어서 수리를 부탁드리려고 왔습니다. 제가 100년 동안 여의봉을 사용하지 않았더니 이렇게 녹이 슬어서 여의봉이 늘어나질 않습니다."

여의봉의 상태를 살펴본 용왕이 말했어요.

"음, 상태가 심각하구나. 여의봉의 녹은 용궁에서 만든 특수한 걸레로 정해진 규칙에 따라 닦아야만 없앨 수 있다. 이 순서는 용궁의 1급 비밀이기 때문에 딱 한번만 보여주겠다."

손오공 일행은 눈을 동그랗게 뜨고 집중했어요. 용왕이 보여준 1급 비밀 문서에는 복잡한 그림이 그려져 있었어요.

"앗, 이걸 한번만 보고 어떻게 외우지?"

손오공이 당황하자 페르마가 말했어요.

"그렇게 놀라지 말고 규칙을 찾아 봐."

"아차, 그렇지. 규칙만 찾으면 아무리 복잡한 것도 쉽게 알 수 있지."

손오공은 다시 한 번 용왕의 손에 들려 있는 1급 문서를 뚫어져라 바라봤어요.

"자, 이제 시간 다 됐다. 어서 여의봉을 수리하고, 빨리 용궁을 떠나라."

용왕은 특수한 걸레를 손오공 일행에게 건넨 뒤 도망치듯 자리를 떴어요.

"형님, 닦는 순서를 다 외웠어요?"

손오공은 저팔계에게 찡긋 윙크를 하며 자신 있게 말했어요.

"당연하지. '파란 걸레1, 노란 걸레3, 빨간 걸레2'가 4번 반복되고 있다."

규칙을 알게 된 손오공 일행은 순식간에 여의봉 수리를 마쳤어요. 그러자 꼬질꼬질 했던 여의봉에서 빛이 뿜어져 나왔어요.

"어디 잘 되는지 한 번 볼까! 커져라 여의봉!"

손오공이 외치자 여의봉은 쑥쑥 커졌어요. 여의봉은 점점 커져 용궁 천장에 닿았어요.

"어어, 손오공. 천장이 무너지겠어."

페르마가 다급하게 외쳤어요. 이미 여의봉은 천장을 뚫고 더 위로 쑥쑥 커지고 있었죠.

"여, 여의봉 작아져라!"

손오공이 다급하게 외치자 여의봉은 순식간에 줄어들었어요. 하지만 이미 천장에는 구멍이 뻥 뚫려 있었어요. 용왕이 고래고래 소리를 지르며 달려오는 모습이 보였어요.

"손오공, 네 이놈! 이번에도 또 사고를 쳤구나."

손오공과 친구들은 헐레벌떡 도망치며 사과했어요.

"용왕님, 정말 죄송해요. 제가 지금 급하게 인간 세계로 가야 해서요. 인간 세계에 다녀와서 꼭 뚫린 천장을 고쳐드릴게요."

규칙 찾기

규칙을 찾는다는 것은 알 수 없는 일을 미리 예측해 보는 활동이에요. 일정한 차례에 따라 반복되는 규칙은 반복되는 부분을 통해 그 다음에 어떤 것이 나올지 예측할 수 있어요.

대표적인 반복되는 규칙에는 다음의 4가지가 있어요.

AB형태

ABB형태

ABC형태

AABB형태

놀이에서 수학 읽기

체스 판 64개 위에 놓인 쌀알의 수

옛날 인도의 어느 나라에 게임을 좋아하는 왕이 살고 있었어요. 왕은 한 가난한 수학자를 불러 새로운 게임을 만들어 보라고 명령했어요.

몇 달 후, 가난한 수학자는 모든 아이디어를 짜내 '차투랑가'라는 게임을 만들었어요.

그 게임은 각각의 왕이 이끄는 두 개의 군대가 있었고, 각 왕이 적국의 왕을 사로잡으면 끝나는 게임이었어요. 오늘날의 체스와 비슷한 게임이었지요. 차투랑가 판은 가로 8칸, 세로 8칸으로 모두 64칸이었어요. 왕이 가난한 수학자에게 말했어요.

체스를 발명한 인도의 수학자 브루니

"네가 만든 게임이 아주 마음에 든다. 네가 원하는 것을 들어 줄 테니까 말해 보거라."

그러자 가난한 수학자는 조금 생각한 뒤, 이렇게 말했어요.

"차투랑가 판의 첫 번째 네모 칸에 쌀알 한 톨을 놓고, 다음 칸에는 앞 칸에 놓인 개수의 두 배만큼 쌀알을 놓는 식으로 64개 칸을 모두 다 채울 만큼 쌀을 주십시오."

왕은 고개를 갸웃하며 물었어요.

"그것이 전부인가? 쌀 대신 금이나 은 동전을 요구하는 게 어떤가?"

수학자는 "폐하, 전 그 쌀이면 충분합니다."라고 대답했어요.

왕은 신하에게 차투랑가 판 위에 쌀알을 세어 올려 놓으라고 명령했어요. 첫 번째 칸에는 쌀알 1톨, 두 번째 칸에는 첫 번째 칸의 2배인 2톨, 세 번째 칸에는 두 번째 칸의 쌀을 2배한 4톨……, 처음에는 그다지 쌀이 많이 필요하지 않았어요. 그런데 계산을 할수록 그 수가 엄청나게 커지기 시작했어요.

(첫 번째 칸)   - 1(쌀 1톨)
(두 번째 칸)   - 2(쌀 2톨)
(세 번째 칸)   - 4(쌀 4톨)
(네 번째 칸)   - 8(쌀 8톨)
(다섯 번째 칸) - 16(쌀 16톨)
    …
(예순네 번째 칸) - 9,223,372,036,854,780,000
              (쌀 9,223,372,036,854,780,000톨)

전체 : 18,446,726,490,113,400,000톨

왕은 도저히 약속을 지킬 수 없다는 사실을 깨닫고 가난한 수학자에게 말했어요.
"너는 진짜 천재구나. 약속을 지킬 수 없게 되었으니 왕의 자리를 내어 주겠노라."
하지만 가난한 수학자는 왕의 자리를 거절하고, 다시 평범한 삶으로 돌아갔다고 해요.

이야기 3

안개 도깨비의 도형수 미로

📖 자료의 정리

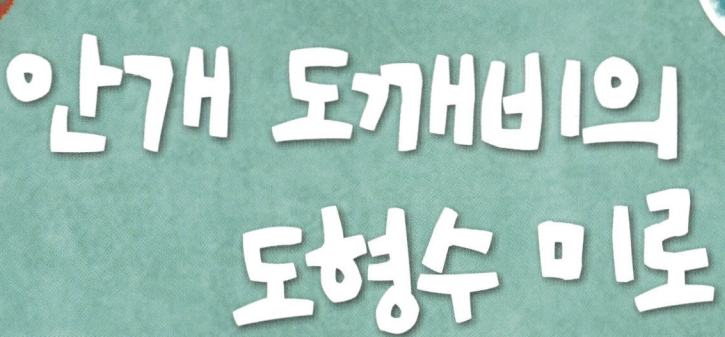

인간 세계로 길을 떠나기 전에 사장법사가 페르마에게 물었어요.

"페르마야, 이 개가 인간 세계로 가는 길을 안내해 줄 거라고 했지?"

"네, 스님. 매씨는 인간 세계의 냄새를 맡을 수 있어요. 매씨가 가는 길만 쫓아가면 인간 세계에 도착할 수 있을 거예요."

인간 세계는 동화 나라 밖에 있어요. 인간 세계가 도넛처럼 동화 나라를 빙 둘러 싸고 있지요. 그래서 동화 나라에서 인간 세계로 나가려면 동화 나라의 끝으로 가야 해요.

"스님, 제 코를 믿어 주세요. 전 여기서도 인간 세계에서 나는 냄새를 맡을 수 있어요."

매씨의 말에 사장법사는 매씨의 등을 가볍게 툭툭 두드려줬어요.

"그래, 너만 믿으마."

인간 세계로 가는 길은 끝없이 이어졌어요.

"후유, 벌써 며칠째 계속 똑같은 풍경이 이어지네. 스님, 도대체 언제쯤 인간 세계에 도착할까요?"

"글쎄다. 그건 나도 모르겠구나."

한참 가다보니 넓은 들판이 나타났어요. 그때 어디선가 갑자기 안개가 몰려왔어요. 그러자 매씨가 걸음을 멈추고 으르렁 거리기 시작했어요.

"매씨, 왜 그래?"

"왠지 느낌이 안 좋아요. 이렇게 짙은 안개는 처음 봐요."

페르마가 매씨의 목을 쓰다듬으며 매씨를 진정시키는 사이 안개는 점점 더 짙어졌어요.

"스님, 안개 때문에 한치 앞도 볼 수 없습니다. 이러다 길을 잃겠어요."

손오공의 말에 사장법사는 일행을 멈춰 세우고, 매씨에게 물었어요.

"매씨야, 어느 쪽으로 가야 하니?"

"킁킁, 법사님. 죄송해요. 안개 때문에 저도 냄새를 못 맡겠어요."

그때였어요. 앞서가던 사오정과 저팔계가 소리쳤어요.

"스님, 사방에 큰 바위가 솟아 있어요."

손오공 일행이 우왕좌왕 하고 있을 때였어요. 갑자기 어디선가 기분 나쁜 목소리가 들려왔어요.

"으하하하하! 너희들은 모두 안개 미로에 갇혔다."

손오공, 저팔계, 사오정은 재빨리 사장법사를 보호했어요.

"스님, 요괴가 나타난 거 같습니다. 조심하십시오."

"요, 요괴? 너희들이 물리칠 수 있겠느냐?"

요괴라는 말에 사장법사는 덜컥 겁이 났어요.

"걱정 마세요. 제가 근두운을 타고 일단 이 안개 미로에서 벗어나 요괴가 어디 있는지 살펴보겠습니다."

손오공은 큰 소리로 근두운을 불렀어요. 하지만 근두운은 나타나지 않았어요.

"으하하하하, 소리쳐 봐야 소용없다. 안개 미로 밖으로는 아무것도 빠져나갈 수 없다. 목소리도 말이지."

손오공이 살짝 입술을 깨물며 물었어요.

"도대체 너는 누구냐? 당장 정체를 밝혀라."

"나는 안개 도깨비님이시다. 사장법사만 내어 놓으면 물러가겠다. 도를 닦은 스님 고기가 맛있다고 하던데……."

사장법사는 얼굴이 하얗게 질렸어요.

"오, 오공아! 이 일을 어쩌면 좋으냐?"

"걱정 마세요. 저희가 스님을 지켜드릴게요."

손오공은 여의봉을 한 손으로 꽉 쥔 채 안개 도깨비를 약 올렸어요.

"이렇게 엉성한 미로쯤은 금방 뚫어주마!"

"뭐, 엉성한 미로? 내가 만든 안개 미로는 규칙에 따라 정교하게 만든 미로다."

"규칙은 무슨? 내 눈에는 그냥 마구잡이로 만들어 놓은 미로 같은데?"

"어허, 안개 미로 속에 솟아 있는 바위들은 도형수로……. 아차, 저 원숭이 녀석의 꼬임에 넘어가 안개 미로의 비밀을 말할 뻔 했네."

안개 도깨비는 얼른 입을 다물었어요.

"안개 도깨비, 우리가 미로의 규칙을 찾아내면 어떻게 할래?"

"흥, 너희들이 내가 만든 안개 미로의 규칙을 찾아낸다고? 만약 그렇다면 너희를 살려주겠다."

"잠깐, 어떻게 규칙을 찾아내야 하는지 정도는 알려줘야 할 거 아니냐?"

 "좋다, 그 정도는 알려주마. 안개 미로 속에는 커다란 바위가 너희 앞을 가로막고 있다. 그 바위들이 늘어선 규칙을 맞혀 봐라. 하지만 그건 불가능할 거다. 지금까지 안개 미로 속에서 그 규칙을 찾아낸 사람은 아무도 없으니까. 으하하하."

 말을 마친 안개 도깨비는 방망이로 바닥을 힘껏 내리쳤어요. 그러자 안개가 아까보다 더 짙어졌어요. 바로 앞에 있는 사람의 얼굴도 보이지 않을 정도였지요.

 "스님, 제가 앞장설게요."

 손오공 일행은 손오공의 뒤를 한 줄로 따랐어요. 손오공은 조심스럽게 바위를 손으로 더듬으며 소리쳤어요.

 "첫 번째 줄에는 바위가 1개 있어."

 "두 번째 줄에는 바위가 3개 있고."

 "세 번째 줄에는 바위가 6개네."

 "앗, 네 번째에는 바위가 10개야."

 손오공이 다섯 번째 줄로 들어가려고 할 때 페르마가 소리쳤어요.

"잠깐! 손오공, 이렇게 계속 미로를 헤매고 다닐 순 없잖아. 규칙을 생각해 봐."

"나도 그러고 싶지만, 1,3,6,10…으로 늘어나는 수에 무슨 규칙이 있어?"

"손오공, 우리를 가로 막고 있는 바위들이 혹시 삼각형 모양으로 늘어서 있니?"

"어떻게 알았냐?"

"그렇다면 이건 삼각수 미로야. 일정한 물건으로 삼각형 모양을

만들 때, 그 삼각형을 만들기 위해 사용된 물건의 총 수를 삼각수라고 해."

 손오공이 눈만 멀뚱멀뚱 뜨고 있자, 페르마가 좀 더 구체적으로 설명해 줬어요.

 "예를 들어 점을 배열할 때 첫 번째 삼각수는 1이고, 두 번째 삼각수는 1+2=3이며, 세 번째 삼각수는 1+2+3=6이야. 즉, 삼각수란 1+2+3+⋯+n과 같은 꼴로 나타낼 수 있는 수야."

 "응, 그렇구나. 그런데 삼각수하고 미로의 5번째 줄하고 무슨 관련이 있는 거야?"

 손오공은 여전히 이해가 안 된다는 듯 고개를 갸웃거렸어요.

 "지금 안개 도깨비가 설치해 놓은 미로는 삼각수의 규칙을 따르고 있잖아."

Tips

볼링 핀과 포켓볼 속에 숨어 있는 삼각수

볼링 경기를 본 적이 있나요? 볼링 핀을 잘 보면 삼각형 모양으로 놓여 있는 걸 볼 수 있어요. 공으로 모든 핀을 직접 맞히지 않고 앞쪽의 핀만 쓰러뜨리면, 그 핀들이 쓰러지며 나머지 핀까지 함께 쓰러뜨릴 수 있지요.

10개의 핀을 사용하는 볼링은 대개 삼각형 모양으로 배열되어 있는데, 첫째 줄(맨 앞)의 핀은 1번으로 헤드 핀이라 불리며, 둘째 줄의 핀은 2번, 3번이고, 셋째 줄의 핀은 4번, 5번, 6번이고, 넷째 줄의 핀은 7번, 8번, 9번, 10번이에요.

여기서도 삼각수를 찾을 수 있어요. 삼각형 모양으로 배열되어 있는 볼링 핀의 수를 맨 앞에서부터 세어 보면 1, 3, 6, 10이 돼요. 이 수열을 달리 표현하면 1, 1+2, 1+2+3, 1+2+3+4이지요. 수학에선 이렇게 삼각형 모양으로 배열된 수를 삼각수라 불러요.

삼각수를 작은 수부터 차례로 나열하면 삼각수로 이루어진 수열 '1, 3, 6, 10…'이 되지요. 그런데 만약 10개의 볼링 핀 뒤에 또 핀을 놓아 삼각형을 만들려면 몇 개의 핀을 더 놓아야 할까요? 맞아요. 5개를 더 놓아야 해요. 삼각수는 1, 3, 5, 10, 15…로 그 수가 규칙적으로 늘어나니까요.

포켓볼 경기를 보면 당구대 한가운데는 색깔 당구공들이 모여져 있어요. 여기에도 삼각수의 규칙이 숨어 있어요. 이 색깔 당구공들은 보통 15개가 삼각형의 모양을 하고 놓여 있어요.

만약 이보다 더 큰 삼각형을 만들려면 몇 개의 당구공을 더 올려놓아야 할까요? 맞아요. 15개의 삼각수를 더 크게 만들려면 6개를 더해서 21개로 만들어야 하죠.

그제야 손오공은 삼각수의 규칙을 눈치 채고, 곰곰이 생각에 잠겼어요.

"아하! 미로의 첫 번째 줄에는 바위가 1개였고, 두 번째 줄에는 바위가 1+2=3개였고, 세 번째 줄은 바위가 1+2+3=6개였고, 네 번째 줄은 바위가 1+2+3+4=10개였어. 그렇다면……."

손오공 일행은 숨을 죽이고 손오공의 말을 기다리고 있었어요. 한참 만에 손오공이 손뼉을 치며 말했어요.

"그래, 그렇다면 5번째 줄에 있는 바위의 갯수는 15개야. 1+2+3+4+5=15니까."

손오공이 정답을 맞히자 주위를 둘러싸고 있던 바위들이 순식간에 사라졌어요. 하지만 한치 앞도 볼 수 없는 짙은 안개는 여전했어요. 어딘가에서 안개 도깨비의 목소리가 들려왔어요.

"오호, 제법이로구나. 하지만 안개 미로를 완전히 빠져나가려면 아직 멀었다. 이번엔 바위가 아니라 사과를 쌓아 놓을 거다. 네 덩어리의 사과가 어떻게 쌓여 있는지 만져 보고, 한 단계를 더 쌓아야 한다면 몇 개의 사과가 필요한지 맞혀라. 어디 이것도 풀 수 있겠느냐? 으하하하하. 손오공, 명심해라. 사과가 하나라도 떨어지면 실패다. 으흐흐흐흐."

손오공은 살금살금 미로 속으로 들어가 사과를 더듬어 본 뒤, 페르마에게 말했어요.

"미로 안에 첫 번째 줄에는 사과가 달랑 1개밖에 없어. 두 번째 줄에는 사과가 4개 있고."

"그래, 그 사과가 어떤 모양으로 쌓여 있는지도 알려줘."

"사과가 2층으로 쌓여 있고, 가장 위에 사과가 1개, 다음 층에는 3개, 총 4개야."

세 번째 줄에는 사과가 3층으로 쌓여 있고, 사과의 수는 제일 위에는 1개, 아래층은 3개, 3번째 층은 6개, 총 10개였어요.

"페르마, 도대체 이게 무슨 규칙이지?"

손오공이 당황하자, 페르마가 손오공의 어깨를 살짝 쳤어요.

"손오공, 당황하지 말고 찬찬히 생각해 보자. 이번에는 위로 쌓아 올린 삼각수인 거 같아."

"음, 삼각수라면 아까 알려준 거지? 네 말을 듣고 보니 그러네. 페르마, 이번엔 내가 규칙을 찾아볼게."

"정말 할 수 있겠어?"

"이래 봬도 내가 동화 나라에서 제일 똑똑한 원숭이라니까."

손오공이 침착하게 말했어요.

"1층을 쌓는 데 필요한 사과의 개수는 1개(1층).

2층을 쌓는 데 필요한 사과의 개수는 1(1층)+3(2층)=4개.

3층을 쌓는 데 필요한 사과의 개수는 1(1층)+3(2층)+6(3층)=10개.

4층을 쌓는 데 필요한 사과의 개수는 1(1층)+3(2층)+6(3층)+10(4층)=20개.

5층을 쌓는 데 필요한 사과의 개수는 1(1층)+3(2층)+6(3층)+10(4층)+15(5층)=35개."

손오공은 배에 잔뜩 힘을 주고 외쳤어요.

"안개 도깨비야! 5번째 미로 안에 쌓여 있는 사과의 개수는 35개다."

손오공이 정답을 맞히자 안개 속에서 안개 도깨비의 신음 소리가 들렸어요.

"끙, 마지막 문제까지 맞히다니……. 안개 도깨비는 약속을 지킨다. 잘 가라."

안개 도깨비가 도깨비 방망이로 바닥을 내려치자 펑! 하는 소리와 함께 안개가 순식간에 걷혔어요.

"스님, 안개 도깨비의 마음이 바뀌기 전에 얼른 이곳을 벗어나는 게 좋을 거 같아요."

"그래, 모두들 빨리 서둘러라. 매씨 이제 길을 다시 찾을 수 있겠니?"

"멍멍, 동쪽에서 인간 세계 냄새가 나요."

손오공 일행은 매씨의 뒤를 쫓아 인간 세계를 향해 다시 길을 떠났어요.

삼각수

삼각수는 앞의 삼각형의 아랫줄에 있는 점의 개수보다 1이 큰 자연수 개수 만큼 더하여 다음 삼각형을 만들어요.

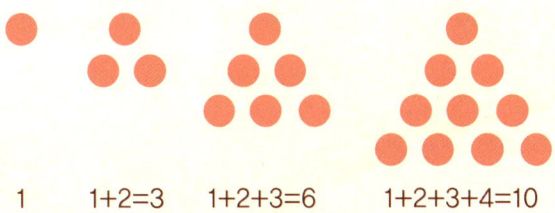

정사각수

정사각수에는 똑같은 수가 모두 두 번씩 곱해져 있어요. 이런 수를 제곱수 라고 하는데 $1^2, 2^2, 3^2, 4^2, 5^2$…으로 표시할 수 있어요.

$1 \times 1 = 1$, $2 \times 2 = 4$, $3 \times 3 = 9$, $4 \times 4 = 16$… 이처럼 자연수를 제곱한 수는 모두 사각수가 돼요. 또 홀수를 계속 더해 가도 사각수가 나온답니다.

1, 1+3=4, 1+3+5=9,

1+3+5+7=16,

1+3+5+7+9=25…

다시 말해서 1, 3, 5, 7, 9…와 같이 홀수들이 모여 사각수를 이루는 것이죠.

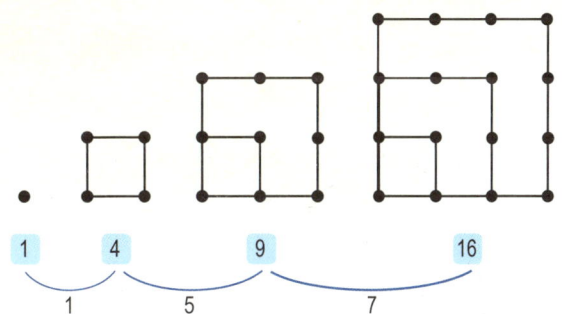

놀이에서 수학 읽기

마방진

중국 하나라의 우왕 시대에 있었던 일이에요. 어느 날 강에 큰 거북이 나타났는데, 거북의 등에 신비한 무늬가 새겨져 있었다고 해요. 이를 이상하게 여긴 우왕은 큰 거북의 등에 새겨진 무늬에 대해 알아보라고 명령을 내렸어요.

학자들은 큰 거북의 등을 연구해 비밀을 밝혀냈어요. 거북의 등에 새겨진 무늬는 1부터 9까지의 숫자를 점의 개수로 나타낸 것이었어요. 학자들은 가로, 세로로 3개씩 9개의 숫자가 적혀 있다는 것을 밝혀냈어요. 거북이의 등에 이런 이상한 숫자가 적혀 있다니 정말 놀랍지요? 그런데 더 놀라운 건 그 수들의 배열이 가로, 세로, 대각선으로 더하여도 합이 항상 15로 같다는 거예요. 이것이 바로 마방진의 시초예요.

가장 처음에 만들어진 마방진은 가로, 세로 3칸씩으로 이루어진 정사각형에 1부터 9까지의 수를 겹치지 않게 채워 넣은 3차 마방진이었어요.

1에서 9까지의 수로 3차 마방진을 만들려면, 우선 빈 칸이 9개 있는 정사각형을 만들어야 해요. 그리고 왼쪽 위에서 오른쪽 아래로 비스듬히 1부터 9까지의 수를 차례로 써 넣어 보세요. 그런 다음 처음 정사각형의 바깥쪽에 있는 수들을 그 줄에서 가장 먼 빈 칸에 옮겨 써 넣어요. 〈그림 2〉처럼 1은 5 밑에, 3은 4

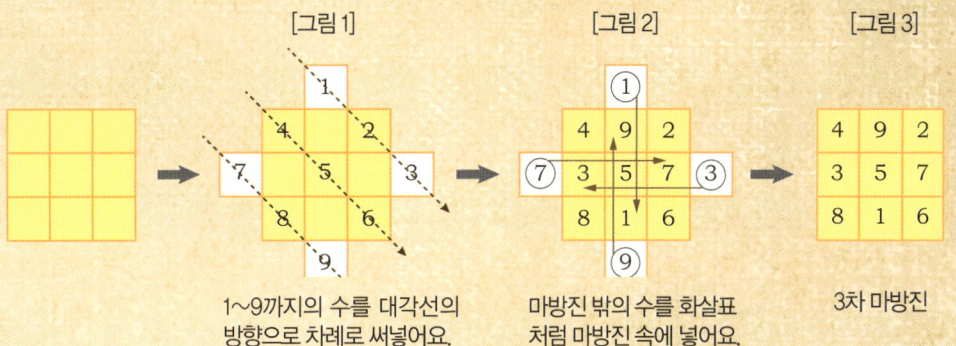

[그림 1] 1~9까지의 수를 대각선의 방향으로 차례로 써넣어요.

[그림 2] 마방진 밖의 수를 화살표처럼 마방진 속에 넣어요.

[그림 3] 3차 마방진

밑에, 7은 2 밑에, 9는 5 위에 놓이도록 써 넣으면 3차 마방진을 만들 수 있어요. 이렇게 만들어진 마방진은 그 수들의 배열이 가로, 세로, 대각선으로 더하여도 합이 항상 15로 같답니다.

  물론 이 마방진은 아주 기본적인 거예요. 4차 마방진, 5차 마방진, 6차 마방진, 7차 마방진 등 복잡한 마방진도 아주 많답니다.

  마방진을 처음 발견한 중국에선 마방진을 '낙서'라고 불렀는데, 중국인들은 마방진에는 신비한 힘이 숨겨져 있다고 믿었어요. 이후 마방진은 인도, 아라비아, 유럽까지 전해졌어요. 우리나라에도 마방진에 대한 연구 자료가 남아 있는데, 조선 시대의 수학자인 최석정(1646~1715)은 『구수략』이라는 책에 9차 마방진과 '지수귀문도'라는 마방진을 소개했어요. 9차 마방진은 가로, 세로 9칸씩 총 1~81의 수가 중복 없이 배열되어 있는 수예요. '지수귀문도'는 생긴 모양이 거북이 등과 같다하여 붙여진 이름이에요. '지수귀문도'는 1부터 30까지의 수를 육각형 모양으로 중복 없이 배열한 후 각각의 육각형의 수를 합하면 모두 93이 되는 매우 특이한 마방진이에요.

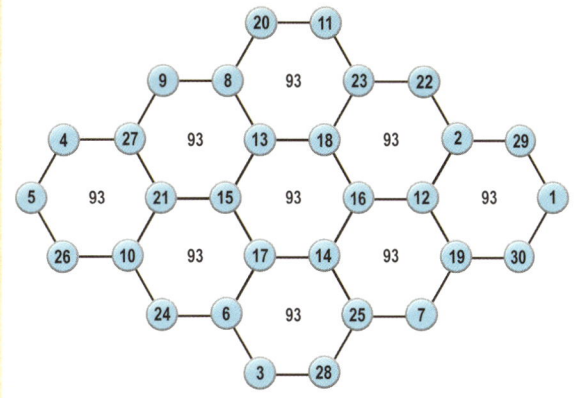

이야기 4

구미호 요괴와 수열 변신 승부

📖 규칙과 대응

드넓은 들판을 지나자 이번엔 끝없이 이어진 모래사막이 나타났어요. 뜨거운 태양이 쨍쨍 내리쬐고 있었어요.

"헉헉, 형님. 저는 이제 한 발짝도 더 못 걷겠어요. 이렇게 지독한 사막은 처음이에요. 헉헉."

저팔계는 비지땀을 흘리며 고통스러운 표정을 짓고 있었어요. 사장법사도 연방 땀을 닦느라 정신이 없었고, 맨 앞에서 일행을 이끌고 있는 매씨도 혀를 길게 빼고 거칠게 숨을 몰아쉬고 있었어요.

"매씨, 조금만 더 참아."

페르마는 매씨의 등을 쓰다듬어 주었어요. 바로 그때 사오정이 소리쳤어요.

"앗, 오, 오아시스예유!"

사오정은 펄쩍펄쩍 뛰며 오아시스를 향해 달려갔어요. 나머지 일행은 바닥에 주저앉아 사오정이 달려가고 있는 쪽을 물끄러미 바라보고만 있었어요. 사오정이 달려가고 있는 곳에는 오아시스가 없었거든요.

"사오정, 신기루다. 돌아와라."

손오공의 말에 사오정이 대답했어요.

"이런 곳에 오아시스가 있다니. 오공 형이 봐도 신기하지유?"

"사오정, 그게 아니고 신기루라고!"

"저도 무척 신기해유. 자, 그럼 저 먼저 물속으로 들어갑니다."

사오정은 물속으로 다이빙을 하듯 점프를 했어요. 물론 '풍덩!' 소리는 들리지 않았지요. '퍽!' 소리와 함께 사오정의 머리는 모래 속에 푹 파묻혔어요. 손오공과 저팔계가 사오정을 모래에서 빼냈어요.

손오공과 친구들은 한참을 걸어 사막의 끝에 도착했어요. 사막의 끝에는 큰 모래 언덕이 있었고, 그 모래 언덕 너머로 집들이 보였어요. 손오공이 막 큰 모래 언덕을 지나려고 할 때였어요. 저팔계의 눈에 아리따운 여자가 모래 언덕을 넘어 오는 모습이 보였어요. 저팔계는 손등으로 눈을 비비며 말했어요.

"앗, 나도 신기루가 보이네. 모래 언덕 위에서 아리따운 아가씨가 나를 향해 내려오고 있어."

저팔계의 말을 듣고 모두들 모래 언덕을 바라봤어요. 사오정이 고개를 갸웃하며 말했어요.

"어, 내 눈에도 아리따운 아가씨가 모래 언덕을 내려오는 것처럼 보여유."

"멍멍, 제 눈에도 그렇게 보이는데요."

"뭐, 매씨 눈에도 그렇게 보인다고? 그럼 신기루가 아니잖아."

아리따운 아가씨는 사장법사에게 다가와 물과 음식을 내밀었어요.

"사장법사님 일행이시죠? 사막을 건너느라 목이 마르실 거 같아서 제가 물과 약간의 음식을 준비했습니……."

아가씨가 말을 채 끝마치기도 전에 저팔계가 물과 음식을 낚아챘어요.

"고맙습니다."

그때 갑자기 손오공이 아리따운 아가씨 팔목을 잡고 위협했어요.

"이 요괴! 내 눈은 못 속인다."

"요괴라니요? 전 이 마을에 사는 평범한 사람입니다."

"그래? 그럼 우리가 사장법사 일행이라는 걸 어떻게 알았지?"

손오공은 손아귀에 힘을 줘었어요.

"그, 그게……."

"왜 대답을 못 하지? 넌 분명 꼬리 아홉 개 달린 구미호렸다."

손오공은 여의봉으로 구미호의 머리를 사정없이 내리쳤어요.

하지만 구미호는 끝까지 시치미를 떼었어요.

"아얏! 왜 그러세요? 전 이 마을에 사는……."

"이게 어디서 끝까지 거짓말을!"

손오공은 여의봉을 휘둘러 구미호를 때려 눕혔어요. 그러자 사장법사가 불같이 화를 냈어요.

"손오공, 네 이놈! 왜 선량한 사람을 함부로 때리느냐?"

"스승님, 이건 사람이 아니라 사람을 잡아먹는 아주 못된 구미호라는 요괴……."

"이놈! 내가 옆에서 똑똑히 보고 있었느니라. 이렇게 아리땁고 마음씨 좋은 아가씨를 때리다니. 네가 지금 제정신이냐?"

손오공은 너무 억울했어요.

"저팔계, 사오정. 뭐라고 얘기 좀 해 줘. 너희도 알지? 이 여잔 구미호야. 구미호!"

하지만 둘은 구미호가 준 음식을 허겁지겁 먹느라 정신이 없었어요. 사장법사의 호통은 계속 되었어요.

"손오공, 네 이놈! 당장 떠나라. 죄를 뉘우치지 못하는 자는 내 제자가 아니다. 꼴도 보기 싫으니 당장 떠나라!"

손오공은 억울하다고 하소연을 했지만 사장법사는 손오공의 말

을 듣지 않았어요. 손오공은 하는 수 없이 사장법사에게 큰 절을 올린 뒤, 근두운을 타고 떠났어요.

 손오공이 떠나자 쓰러져 있던 구미호가 갑자기 입가에 엷은 미소를 띠며 일어났어요.

 "스님, 저 때문에 괜히……."

 "아닐세. 자네 덕에 손오공이 얼마나 못된 제자였는지 알게 되었네. 신경 쓰지 말게."

 구미호가 사장법사에게 정중하게 말했어요.

 "스님, 제가 사과하는 뜻에서 저녁 식사를 대접하고 싶은데, 함께 저희 집으로 가시지요."

저팔계와 사오정도 간곡히 부탁했어요.

"스님, 너무 배가 고프고, 목이 말라 이제 더 걸을 수가 없어요."

그러자 사장법사도 마지못해 허락했어요.

"흠흠, 그럼 오늘 하룻밤만 신세를 지겠소이다."

"호호호, 그럼 모두 저를 따라 오세요."

구미호는 사장법사 일행을 으리으리한 기와집으로 안내했어요. 구미호는 간사한 웃음을 지으며 말했어요.

"호호호, 잠시 기다리세요. 제가 맛있는 음식을 지어 드릴게요."

잠시 후, 구미호가 상을 들고 들어왔어요.

"제가 정성껏 차린 음식이에요. 많이 드세요."

"아가씨, 정말 감사하오."

구미호가 나가자 사장법사와 친구들은 허겁지겁 음식을 먹기 시작했어요. 일행은 음식을 남김없이 다 먹어 치웠어요.

"배가 불러서 그런지 슬슬 잠이 오네요."

사장법사와 친구들이 모두 잠들자, 구미호는 모두를 쇠사슬로 꽁꽁 묶어 창고에 가두었어요.

다음 날, 사장법사와 친구들이 눈을 뜨자 구미호가 말했어요.

"호호호! 이제야 정신이 들었느냐?"

"앗, 너는 누구냐? 마음씨 곱고 아리따운 아가씨는 어디 갔느냐?"

"호호호! 내가 바로 마음씨 곱고 아리따운 아가씨다. 너희들을 잡아먹으려고 연기를 좀 했지. 이제 너희들의 간을 빼 먹어야겠다. 호호호!"

그제야 구미호에게 감쪽같이 속았다는 사실을 알게 된 사장법사는 고개를 푹 숙였어요.

구미호가 나가자 사장법사가 눈물을 흘리며 말했어요.

"애들아, 미안하구나. 나 때문에 너희도 모두 죽게 생겼구나."

바로 그때였어요. 어디선가 파리 한 마리가 날아와 사장법사 머리 근처를 빙빙 돌았어요.

"스님, 스님. 저예요."

사장법사는 한숨을 내뱉으며 말했어요.

"아! 죽을 때가 되니까 이제 헛소리가 들리는구나. 내 귀에 손오공의 목소리가 들리는구나."

그때 갑자기 펑! 소리와 함께 파리가 손오공으로 변했어요.

"스님, 스님과 동생들이 걱정이 돼서 파리로 변해 몰래 들어왔습

니다."

"오, 진짜 오공이로구나."

사장법사는 눈물을 펑펑 흘리며 손오공에게 사과했어요.

손오공은 온 힘을 다해 사장법사를 묶고 있는 쇠사슬을 여의봉으로 힘껏 내리쳤어요. 하지만 쇠사슬은 끄덕도 하지 않았어요.

바로 그때 구미호가 시퍼런 칼을 들고 창고 안으로 들어왔어요.

"앗, 너는 손오공!"

"구미호! 다시는 못된 짓을 하지 못하도록 만들어주마."

"호호호! 머리가 둔한 원숭이로구나. 저 쇠사슬은 나밖에 풀 수 없다. 그런데 나를 죽이면 누가 저 쇠사슬을 풀어 준단 말이냐?"

손오공은 한참을 생각하다 요술 대결을 제안했어요.

"구미호, 그럼 요술 대결을 해서 승패를 가르자. 네가 이기면 우리 일행을 풀어줘."

"네가 지면?"

"내가 지면 순순히 물러가겠다."

"그래? 그럼 좋다. 요술이라면 나도 자신 있으니까."

구미호와 손오공은 넓은 마당으로 나왔어요. 사장법사 일행은 쇠사슬에 묶인 채 초조한 표정으로 둘의 대결을 지켜보고 있었어요.

"손오공, 잘 봐라. 지금부터 화려한 둔갑술을 보여주겠다."

구미호는 말을 끝내자마자 휘리릭! 재주를 넘었어요. 그러자 4마리의 여우가 나타났어요. 또 한 번 재주를 넘자 이번엔 9마리의 여우가 나타났지요. 그 다음엔 16마리, 또 그 다음엔 25마리의 여우가 나타났어요.

1, 4, 9, 16, 25…

"호호호! 손오공, 다음번에는 내가 여우 몇 마리를 만들 거 같으냐?"

그러자 저팔계가 야유를 보냈어요.

"구미호, 정정당당하게 요술 대결을 해야지. 그런 억지가 어디 있냐? 네가 다음번엔 몇 마리의 여우를 만들지 어떻게 아냐?"

페르마가 저팔계에게 조용히 하라는 신호를 보낸 뒤, 손오공에게 말했어요.

"손오공, 당황하지 말고 규칙을 잘 생각해. 규칙을 알면 답을 맞힐 수 있을 거야."

"규칙?"

"그래, 1, 4, 9, 16, 25…라는 수에는 규칙이 있어."

페르마가 설명을 하려고 하자 구미호가 말했어요.

"다른 사람이 알려주는 건 반칙이다. 만약 반칙을 하면 이 대결은 내가 이기는 거지. 10초 주겠다. 그 안에 답을 말해라."

손오공은 초조한 얼굴로 페르마를 흘낏 바라봤어요. 페르마는 구미호가 눈치 채지 못하게 얼른 손가락 두 개를 보여줬어요.

"9초, 8초, 7초, 6초, 5초, 4초, 3초……. 호호호! 대결이 아주 싱겁게 끝나겠구나. 2초."

"잠깐! 네가 다음에 만들 여우는 36마리다."

손오공이 자신 있게 말하자 구미호는 크게 당황했어요.

"어, 어떻게 알았냐?"

"1, 4, 9, 16, 25…는 2번 곱하여 나오는 제곱수의 나열이다. 내가 그런 규칙도 모를 줄 알았냐?"

이번엔 손오공이 분신술을 이용해서 문제를 냈어요. 손오공은 가슴 털을 뽑은 뒤, 주문을 외웠어요.

"수리 수리 변해라 분실술. 얍!"

그러자 손오공의 분신이 1명, 1명, 2명, 3명, 5명, 8명이 나타났어요.

"구미호, 다음번엔 내가 몇 명의 분신을 만들 거 같으냐?"

"호호호! 내가 이런 어설픈 규칙도 못 찾아낼 거 같으냐? 호호호! 이 정도의 규칙은 눈 감고도 맞힐 수 있지. 정답은 13명이다."

구미호가 정답을 말하자 손오공이 움찔했어요.

"어, 어떻게 알았냐?"

"맨 앞에 1이 있고, 앞의 두 수를 더하면 다음 수가 되는 규칙이다. 1+1=2, 1+2=3, 3+5=8 그러니까 이번에 네가 분신술을 써서 만들 분신은 바로 5+8=13, 13명이다. 호호호!"

"음, 제법이구나. 구미호."

자연 속에 숨어 있는 피보나치수열

1, 1, 2, 3, 5, 8, 13, 21, 34…

위의 수열에서 34 다음에는 어떤 수가 올까요? 정답은 55예요. 이 수열은 1에서부터 시작해서 앞의 2개의 수를 더한 수가 다음에 나오도록 배열한 수열이거든요. 그러니까 34 다음에는 21과 34를 더한 55가 나오는 것이죠.

이 특이한 수열은 이탈리아의 수학자 피보나치에 의해 발견된 수열이에요. 그런데 신기하게도 자연을 살펴보면 피보나치수열에 따라 이루어진 것들이 많이 있어요. 대표적인 것이 바로 꽃잎의 수예요. 백합의 꽃잎은 3장, 무궁화는 5장, 코스모스는 8장, 금잔화는 13장, 과꽃은 21장, 데이지는 34장. 쑥부쟁이는 55장의 꽃잎을 가지고 있어요.

꽃잎의 개수가 피보나치수열에 나오는 숫자와 일치되는 이유는 두 가지 때문이에요.

꽃잎은 꽃이 피기 전에 봉오리를 이루어 암술과 수술을 보호해요. 이때 꽃잎이 이리저리 겹쳐 있으면 암술과 수술이 밖으로 드러나지 않지요. 즉, 꽃잎의 개수가 1, 3, 5, 8, 13…가 되면 가장 효율적으로 꽃잎을 겹칠 수 있는 것이죠. 또한 식물이 잘 성장하려면 반드시 광합성을 해야 해요. 피보나치수열에 따라 꽃잎이 나면 햇빛을 가장 잘 받을 수 있고, 최소의 공간에 가장 많은 꽃잎을 배치할 수 있지요.

꽃들은 피보나치수열의 수만큼 꽃잎을 가지고 있는 게 가장 효율적이라는 것을 알고 있는 것이죠. 이 뿐만이 아니에요. 나무가 자라면서 가지가 늘어나는 수, 파인애플 무늬의 나선 방향의 수도 모두 피보나치수열을 따르고 있답니다.

구미호와 요술 시합은 점점 더 치열해졌어요. 이번엔 구미호가 요술을 써서 번갈아 가며 토끼와 거북을 만들었어요. 토끼 2, 거북 3, 토끼 4, 거북 6, 토끼 6, 거북 9, 토끼 8, 거북 12, 토끼 10.

"호호호, 이번에 내가 어떤 동물을 몇 마리 만들 거 같으냐?"

"끙, 너무 어렵다."

손오공이 쩔쩔매자 페르마는 아주 큰 소리로 혼잣말을 했어요.

"와, 바로 옆이 아니라 하나 건너에 있는 항과 의미 있는 관계를 가지잖아."

그러자 구미호가 발끈했어요.

"야, 인간 꼬마! 힌트 주지 마."

"힌트를 준 게 아니라 저 혼자 중얼거린 건데요."

"시끄러워! 한 번만 더 그러면 우선 너부터 잡아먹겠다."

구미호와 페르마가 다투는 사이 손오공은 가까스로 규칙을 찾아냈어요.

"구미호, 정답은 거북이 15마리다."

"이유를 말해 봐라."

"2, 3, 4, 6, 6, 9, 8, 12, 10…에서 짝수 항을 보면 거북 3, 거북 6, 거북 9, 거북 12…이다. 홀수 항은 토끼 2, 토끼 4, 토끼 6, 토

끼 8, 토끼 10…이지.

따라서 거북 12 다음에는 홀수 항의 규칙에 따라 거북 15마리가 와야 하지. 맞지?"

손오공과 구미호의 요술 대결은 점점 더 치열해졌어요.

승패가 나지 않자 손오공은 구미호 몰래 가슴 털을 뽑아 자신의 분신을 만들었어요. 그런 다음 자신은 파리로 변해 페르마에게 날아갔어요.

"페르마, 구미호를 이길 수 있는 방법이 없을까?"

페르마는 기침을 하는 척 하며 고개를 숙이고 말했어요.

"콜록콜록, 파스칼의 삼각형을 만들어 봐. 구미호가 아무리 규칙을 잘 찾아낸다고 해도 파스칼의 삼각형은 힘들 거야."

"파스칼의 삼각형이 뭔데?"

페르마는 얼른 바닥에 파스칼의 삼각형을 적어 주었어요.

"페르마, 이건 나도 모르겠는데……."

"일단 문제를 내. 그리고 구미호가 못 맞추면 내가 설명해 줄게."

"알았어."

파리로 변했던 손오공은 구미호 몰래 재빨리 자리로 돌아와 다음 문제를 냈어요.

"구미호. 눈 똑바로 뜨고 잘 봐라."

손오공은 여의봉을 이용해서 땅바닥에 삼각형 모양으로 된 여러 가지 숫자를 써내려갔어요.

"이, 이게 뭐냐?"

```
        1
       1 1
      1 2 1
     1 3 3 1
    1 4 6 4 1
   1 5 10 10 5 1
```

"후후, 파스칼의 삼각형이라는 거다. 이 안에 있는 규칙을 찾아내 봐라."

구미호가 파스칼의 삼각형에 숨어 있는 규칙을 찾는 사이, 손오공은 다시 파리로 변해 페르마에게 갔어요.

"페르마, 도대체 저 안에 무슨 규칙이 숨겨져 있는 거야?"

페르마는 얼른 파스칼 삼각형에 숨어 있는 규칙을 알려줬어요. 손오공은 구미호가 눈치 채지 못하게 재빨리 제자리로 돌아갔어요.

구미호는 파스칼의 삼각형 속에 숨어 있는 규칙을 찾아내려고 했지만 실패했어요.

"내가 볼 때 이건 마구잡이로 적어 놓은 숫자에 불과해. 만약 이 삼각형에 규칙이 있다면 깨끗이 패배를 인정하겠다."

"잘 들어라, 구미호! 파스칼의 삼각형 안에는 여러 가지 규칙이 숨어 있다. 우선 파스칼의 삼각형은 각 행의 맨 처음과 끝은 항상 1이다. 그리고 그 사이의 수들은 바로 위의 행의 왼쪽과 오른쪽에 있는 두 수의 합을 적어 넣어서 만든 것이지."

구미호는 손을 덜덜 떨었고, 반대로 손오공의 목소리에는 자신감이 넘쳐흘렀어요.

"파스칼의 삼각형에는 대칭 규칙도 있다. 첫째 줄의 1에서 아래를 향하여 정 가운데에 세로줄을 그으면, 그 줄을 기준으로 수의 배열이 양쪽에 똑같이 나타난다."

손오공의 설명이 계속될수록 구미호의 얼굴은 점점 굳어갔어요.
　"더, 더 이상의 규칙은 없겠지?"
　"흥! 또 있다. 파스칼의 삼각형에서 사선을 따라 나타나는 수열에도 일정한 규칙이 있다.
　"이, 이럴 수가!"
　"그, 그런 규칙도 있었다니! 내가 졌다."
　손오공과의 대결에서 진 구미호는 약속대로 손오공 일행을 모두 풀어 주었어요.
　"구미호, 그동안 네가 한 짓을 보면 이 여의봉으로 콱!"
　손오공이 여의봉을 높이 치켜들자 사장법사가 목탁을 두드리며 법문을 외웠어요.
　"나무아미타불 관세음보살······."
　"때려눕히고 싶지만 스님의 가르침에 따라 너를 용서하겠다. 당장 내 눈앞에서 사라져. 그리고 앞으로 내 귀에 사람의 간을 먹는다는 소문이 들리면 그땐 정말 가만 두지 않겠다."
　구미호는 재주를 펄쩍펄쩍 넘더니 꼬리가 9개 달린 여우로 변했어요. 그러더니 뒤도 안 돌아 보고 숲 속으로 사라졌어요.

파스칼의 삼각형

이 삼각형을 만들고 수학적 성질을 찾아낸 사람이 바로 프랑스 수학자 파스칼(1623~1662)이에요. 그래서 이 삼각형을 파스칼의 삼각형이라고 불러요.

파스칼의 삼각형을 만드는 방법은 첫 번째 줄에는 숫자 1을 쓰고, 그 다음 줄부터는 양쪽 끝에 우선 숫자 1을 써요. 다음 줄부터는 1과 1사이에 바로 윗줄의 왼쪽 숫자와 오른쪽 숫자를 더하면 돼요. 두 번째 줄의 숫자 1과 1을 더하면 2가 되지요. 네 번째 줄은 1과 1사이에 세 번째 줄의 숫자 1과 2를 더해 3이 들어가서 1, 3, 3, 1 이 되지요.

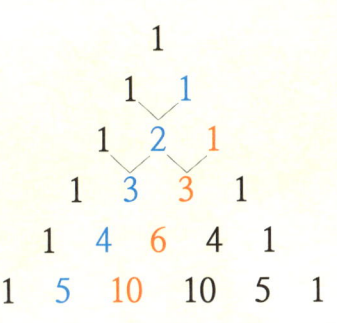

파스칼의 삼각형 안에는 여러 규칙이 숨어 있어요. 첫째 줄의 1에서 아래를 향하여 가운데에 세로줄을 그으면, 그 줄을 기준으로 수의 배열이 양쪽에 똑같이 나타나요. 또 파스칼의 삼각형에서 사선을 따라 나타나는 수열에도 일정한 규칙이 있어요. 우선 가장 바깥 쪽 사선을 따라가면 모든 항이 1로만 이루어져 있는 수열이 나타나요. 두 번째 파란색 사선의 숫자는 자연수를 순서대로 보여주고 있어요. 그리고 세 번째 빨간색 사선의 숫자는 각 항이 1, 1+2, 1+2+3, 1+2+3+4… 자연수의 합으로 이루어져 있어요. 바로 삼각수인 1, 3, 6, 10…이 숨어 있는 거죠.

마지막으로 파스칼의 삼각형의 가로줄을 각각 더하면 1, 2, 4, 8, 16, 32…으로 앞의 항의 두 배를 하면 다음 항의 값이 되지요. 이처럼 이웃하는 두 항에서 일정한 비가 나타는 수열을 수학에서는 등비수열이라고 해요.

황금 비율 1:1.618

액자, 명함, 신용카드, 엽서, 책, TV, 담뱃갑, 휴대폰 등은 어떤 규칙에 의해 만들어진 물건들일까요? 이 물건들은 대체로 직사각형 형태예요. 그리고 이웃한 두 변의 비를 구해 보면 대개 황금 비율을 가지고 있어요.

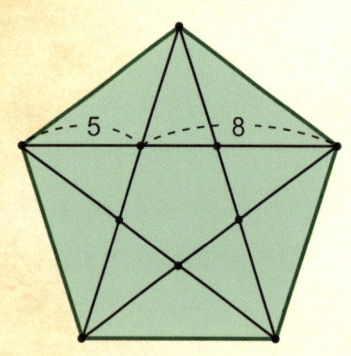

황금 비율이란 1:1.618을 나타내는 것으로, 이 비율이 가장 예뻐 보인다고 해서 황금비율이라고 이름 붙였어요. 황금비를 처음 발견한 사람은 그리스의 수학자 피타고라스예요. 그는 정오각형 안에 별을 그리다가 짧은 변과 긴 변의 길이의 비가 모두 1:1.618 (대략 5:8)의 비율을 가지고 있다는 것을 알게 되었어요.

이때, 짧은 변을 1로 하면, 5:8은 1:1.6이 되지요. 피타고라스는 이 비율이 가장 아름답고 안정적이라 여겨 황금비라고 불렀어요.

요즘은 초등학생들도 스마트 폰으로 '인물 사진'을 자주 찍어요. 인물 사진 촬영에서는 구도가 아주 중요해요. 카메라 화면을 가로 세로로 대략 $\frac{1}{3}$씩 자르는 직선들이 서로 교차하는 네 개의 점에 피사체를 놓고 촬영하면 가장 안정적인 사진을 찍을 수 있지요. (A, B, C, D).

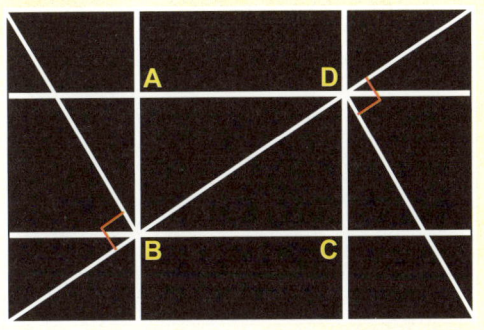

사진가들은 A, B, C, D의 비율을 황금분할이라고도 부르는데, 이 황금분할의 비율도 1:1.618이랍니다.

황금비는 이미 기원전 4700년에 건설된 이집트의 대 피라미드에서도 사용되었어요. 대 피라미드의 높이는 146m이고 밑면의 정사각형 한 변의 길이는 약 230m이에요. 이 둘 사이의 비를 구해 보면 146:230, 즉 1:1.6=5:8인 황금비율이 성립하지요. 또한 오스트레일리아의 오페라하우스, 프랑스 파리의 개선문, 그리스의 파르테논 신전, 우리나라의 석굴암 불상들에서도 황금비를 찾을 수 있어요. 밀로의 비너스 조각상의 여러 부분에서도 황금비가 나타나고 있어요. 배꼽을 중심으로 상반신과 하반신의 비, 목을 기준으로 머리 부분과 그 아래 배꼽까지의 비, 무릎을 기준으로 무릎 위 배꼽까지와 무릎 아래의 비 등이 모두 1 : 1.618이랍니다.

요즘 사람들도 황금비가 사람의 눈을 편안하게 해 주는 아름다운 비율이라 여기고 있어요. 그래서 컴퓨터의 모니터, 텔레비전 화면, 영화관 스크린 등의 가로, 세로의 비율을 황금비에 가깝게 만들고 있답니다.

이야기 5

알쏭달쏭!
인간 세계의 규칙

📖 자료의 정리
규칙과 대응

인간 세계로 가는 길은 정말 멀고도 험했어요. 길마다 수많은 요괴들이 우글거렸어요. 손오공 일행은 그 요괴들을 하나씩 물리치며 인간 세계로 향해 여행을 계속했어요. 손오공 일행은 죽을 고비를 여러 번 넘긴 뒤, 드디어 인간 세계로 들어가는 동심문 앞에 도착했어요.

동심문에는 '여기서부터 동화 나라가 아닙니다. 동화 속 인물은 절대 이 문 밖으로 나가지 마십시오.'라고 쓰여 있었어요. 동심문을 지나 인간 세계 입구로 들어서자 그곳에는 이런 경고문이 적혀 있었어요.

'정체가 탈로나면 다시는 동화 나라로 들어올 수 없습니다.'

손오공이 매씨에게 물었어요.

"매씨, 여기가 인간 세계 맞니?"

"멍멍."

"매씨, 왜 말을 안 해?"

"멍멍."

매씨가 계속 '멍멍' 짖기만 하자 페르마가 나섰어요.

"맷씨가 말을 못 하는 거 보니까 인간 세계로 온 게 확실해. 개는 인간 세계에서는 말을 할 수 없어."

 나무가 울창하게 우거진 숲을 지나니 사람들이 다니는 길이 나타났어요. 숲 밖으로 나오자 완전히 낯선 세계가 펼쳐졌어요.

"이키, 이게 뭐야? 쇠들이 막 날아다니잖아."

"저건 차라고 하는 거야. 인간들이 타고 다니는 거야. 차들은 차도로만 다니니까 너무 무서워하지 않아도 돼."

저팔계와 사오정이 볼멘소리를 했어요.

"아유, 이렇게 복잡한 세상에서 어떻게 도둑을 찾지?"

그때 손오공이 손가락을 탁 튕기며 말했어요.

"그렇지! 부처님이 주신 비밀 주머니가 있었지."

손오공은 얼른 비밀 주머니는 꺼내 펼쳐 봤어요.

> 도둑 이름: 홍길동
> 특징: 패랭이 모자를 쓰고 있음
> 주소: 경기도 하남시 와글와글 대로 10 도둑 소굴
> 전화번호: 1234-5678
> 주민 번호: 001019-326****

"여기 전화번호도 있네. 일단 전화를 걸어 보자."

페르마의 말에 손오공 일행은 공중전화를 찾았어요.

손오공이 자신있게 전화번호를 눌렀지만, 전화는 걸리지 않았어요.

"어, 왜 전화가 안 걸리지? 고장인가?"

"손오공, 전화번호에도 규칙이 있어. 서울에서 서울로, 경기도에서 경기도로 걸 때처럼, 같은 지역에서 전화를 걸 때는 국번과 가입자 번호만 누르면 돼."

"국번은 뭐고, 가입자 번호는 또 뭐야?"

"1234-5678 중 앞의 1234를 국번이라고 하고, 5678을 가입자 번호라고 해."

"그렇다면 난 제대로 눌렀는데."

"지금 우리가 있는 곳은 서울이야. 도둑이 있는 곳은 경기도지. 이렇게 다른 지역으로 전화를 걸 때는 꼭 지역 번호를 눌러야 해. 지역 번호는 각 지역마다 다 달라. 서울은 02 부산은 051 대구는 053 인천 032 경기도 031 강원도 033 식으로 서울을 제외하고는 모두 3자리 수로 되어 있어. 그러니까 서울에서 경기도 전화를 걸 때는 꼭 031을 눌러야 하는 거야."

손오공이 경기도 지역번호인 031을 누른 뒤, 1234-5678을 누르니까 전화가 연결됐어요.

"여보세요? 거기 홍길동 씨 있나요?"

전화를 받은 사람이 바로 홍길동이었어요. 하지만 홍길동은 시치미를 뚝 떼었어요.

"여기 그런 사람 없습니다. 잘못 거셨습니다."
"정말 없어요?"
홍길동은 아무 말도 안 하고 전화를 끊어 버렸어요.
"여보세요? 여보세요? 여보세요?"
손오공이 전화기를 붙잡고 소리를 지르고 있자 페르마가 말했어요.

"손오공, 그냥 직접 찾아가 보는 게 좋겠어. 주소가 어디지?"

"경기도 하남시 와글와글 대로 10 도둑 소굴이라고 적혀 있는데, 무슨 주소가 이렇지?"

"아, 이건 새로 바뀐 도로명 주소야."

도로명 주소는 기존 주소와 시·군·구, 읍·면까지는 같아요. 하지만 동(洞)·리(里), 번지 대신에 도로명과 건물번호를 사용하는 게 특징이에요.

손오공 일행은 버스를 타고 경기도 하남시에 도착했어요.

"페르마, 와글와글 대로가 뭐야?"

"아, 그건 도로 이름이야. 일단 와글와글 대로가 어디에 있는지부터 찾아보자."

손오공 일행은 쉽게 와글와글 대로를 찾아냈어요.

"대로여서 아주 찾기 쉽네."

"페르마, 근데 10은 뭐야?"

"응, 그건 건물의 고유 번호야."

"건물의 고유 번호는 어떻게 정해진 건데?"

"건물 번호는 도로가 시작되는 곳에서부터 도로 왼쪽에는 홀수, 오른쪽에는 짝수 번호를 붙여. 그리고 20미터 구간마다 숫자가 2

씩 증가하지."

"20미터 구간 안에 여러 개의 건물이 있으면 어떻게 하는데?"

"아, 그럴 때는 두 번째 건물부터는 가지번호를 덧붙여. 예를 들어 1번 구간에 건물이 3개가 있다면 첫 번째 건물은 1, 두 번째 건물은 1-1, 세 번째 건물은 1-2라고 써."

와글와글 대로가 시작되는 곳으로 접어들자 페르마가 말했어요.

"간단한 숫자 계산만 할 수 있다면 지금 우리가 서 있는 이곳에서 도둑 소굴까지의 거리도 계산할 수 있어."

"정말?"

손오공, 저팔계, 사오정이 합창을 하듯 동시에 물었어요.

"잘 봐! 왼쪽 건물 번호는 1, 3, 5, 7, 9…로 증가하고, 오른쪽 건물 번호는 2, 4, 6, 8, 10…로 증가하고 있지."

"응, 정말 그렇네."

"내가 아까 번호가 2씩 증가할 때마다 거리는 20미터씩 멀어진다고 했지. 그러니까 와글와글 대로 10 도둑 소굴은 지금 우리가 서 있는 이곳에서부터 100미터 오른쪽에 있는 건물인 거야."

"아하, 그렇구나."

손오공 일행은 도로명 규칙 덕분에 아주 쉽게 도둑 소굴을 찾아

낼 수 있었어요.

"홍길동 도둑은 패랭이 모자를 쓰고 있으니까 금방 알아 볼 수 있을 거야."

손오공 일행은 기세 좋게 도둑 소굴의 문을 박차고 안으로 들어갔어요.

"홍길동, 꼼짝 마라."

도둑 소굴에 모여 있던 도둑들은 깜짝 놀라 이리저리 도망치려고

했어요. 하지만 저팔계와 사오정이 막아서는 바람에 도망칠 수 없었지요.

"어딜 도망치려고! 모두 꼼짝하지 말고 제자리에 서 있어."

그런데 이게 웬일이래요? 도둑 소굴에 모여 있던 도둑들이 모두 패랭이 모자를 쓰고 있는 거 있죠.

"페르마, 누가 동화 나라에서 불경을 훔쳐간 진짜 홍길동일까?"

"글쎄……."

페르마가 잠시 고민을 하다 말했어요.

"손오공, 주민등록을 확인해 보면 될 거 같아. 홍길동 도둑의 주민 번호가 001019-326****이라고 했지?"

"응, 근데 이 주민등록번호에도 무슨 규칙이 있는 거야?"

"응, 모든 주민등록번호는 앞의 6자리와 뒤의 7자리가 더해져 13자리의 숫자로 되어 있어. 앞의 6자리는 그 사람의 생년월일이야. 홍길동의 생일이 2000년 10월 19일이기 때문에 2000의 앞 두 자리를 제외하고 001019가 되는 거야."

손오공은 패랭이 모자를 쓴 도둑들의 주민등록번호를 모두 조사해 본 뒤, 진짜 홍길동 도둑을 찾아냈어요.

"드디어 잡았다, 홍길동! 동화 나라에서 훔쳐간 불경을 돌려줘."

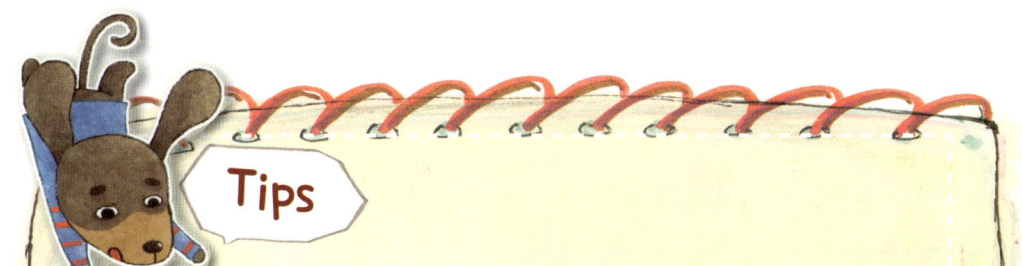

주민등록번호

주민등록번호는 생년월일을 나타내는 6자리와 뒤의 7자리가 더해져 13자리의 숫자로 되어 있어요. 뒷 7자리는 성별과 지역코드, 검증번호예요.

어떤 사람의 주민등록번호가 A B C D E F - G H I J K L M 라고 한다면, 뒤의 7자리 중 첫 번째 자리인 G는 남자와 여자를 구분하는 거예요.

G자리에 오는 숫자의 의미
1 : 1900~1999년에 태어난 남성
2 : 1900~1999년에 태어난 여성
3 : 2000~2099년에 태어난 남성
4 : 2000~2099년에 태어난 여성

'H I J K'는 출생을 신고한 장소의 고유번호예요. 읍, 면, 동마다 고유번호가 정해져 있어요. 'L'은 태어난 날 그 장소에서 출생신고를 한 순서를 나타내는 번호예요. 그렇다면 마지막 M은 어떤 숫자일까요? M은 확인 숫자로 수학적인 규칙에 따라 만든 숫자예요. 앞의 12개의 숫자를 여러 가지 규칙에 따라 계산하면 마지막 숫자가 나와요.

이처럼 주민등록번호 속에는 생일, 자신의 성별, 태어난 곳 등 여러 가지 정보가 담겨 있어요.

"불경이라니요?"

홍길동은 아무것도 모르는 것처럼 연기를 했어요. 그러자 손오공이 저팔계에게 말했어요.

"팔계야, 아무래도 안 되겠다. 고문 시작해라."

"고, 고문?"

저팔계는 잔인한 웃음을 지으며 홍길동에게 다가갔어요.

"각오해라."

"으, 아아아아, 안 돼."

홍길동은 발버둥을 쳤지만, 저팔계는 아랑곳 않고 홍길동의 팔을 꽉 움켜쥐었어요. 그런 다음 옆구리를 마구 간지럽혔어요.

"하하하하 깔깔깔깔 크크크크 흐흐흐흐."

홍길동은 너무 웃어서 눈물이 나왔어요.

"제발 그만 둬. 불경을 돌려주면 되잖아."

홍길동은 책꽂이 뒤에 몰래 숨겨 두었던 불경을 손오공에게 돌려줬어요. 손오공은 홍길동을 혼내주려고 했지만, 사장법사가 말렸어요.

"오공아, 홍길동도 크게 반성하고 있는 거 같으니까 그만 용서해 주어라."

Tips

신호등의 규칙

① 차량신호등

차량신호등은 빨간색, 노란색, 초록색, 화살표 등이 있어요. 이 신호에는 정해진 규칙이 있어요.

- 🔴 빨간색: 정지신호
- 🟢 초록색: 진행신호
- 🟠 노란색: 대기신호
- ⬅ 화살표: 좌회전신호

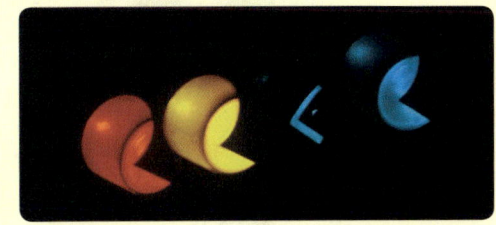

도로에서 볼 수 있는 이런 신호등은 일정한 규칙에 따라 불이 켜지고 꺼져요. 순서대로 나열해 보면 '빨간색→빨간색+초록색 화살표→빨간색+노란색 →초록→노란색→빨간색'이에요.

- 🔴⬅ 빨간색 + 초록색 화살표: 앞으로 나아가는 자동차는 그 자리에 서 있고, 좌회전하는 자동차만 움직이라는 신호예요.
- 🔴🟠 빨간색과 노란색: 좌회전 하는 자동차는 멈추고, 직진하는 자동차는 기다리라는 신호예요.
- 🟢 초록색: 앞으로 직진하는 자동차만 움직이라는 신호예요.
- 🟠 노란색: 앞으로 직진하는 자동차는 정지선에서 기다리라는 신호예요.

② 보행자 신호등

보행자 신호등은 녹색과 빨간색으로 이루어져 있어요. 녹색 신호등이 켜지면 보행자가 길을 건너라는 신호예요. 녹색불이 깜박이는 것은 시간이 얼마 남지 않았다는 신호예요. 따라서 녹색불이 깜박일 때는 길을 건너면 안 되고, 길을 건너고 있는 사람은 빨리 건너거나, 보도로 다시 되돌아와야 해요. 빨간색 신호등이 켜지면 보행자는 횡단보도 앞에서 기다리라는 신호예요.

불경을 되찾은 손오공 일행은 서둘러 동화 나라로 돌아가고 싶었어요.

"제가 근두운을 부를 테니까 모두 함께 타고 가죠?"

"오공아, 넌 벌써 동심문 앞에 써 있던 경고문을 잊어버린 게냐? 그러다 우리가 동화 나라에서 온 사람들이라는 게 들통 나면 우리는 다시는 동화 나라로 들어갈 수 없어."

하는 수 없이 손오공 일행은 동심문이 있는 곳까지 걸어가기로 하고, 페르마와 매씨에게 인사를 건넸어요.

"페르마, 그동안 우리를 도와줘서 정말 고마워."

페르마는 손오공 일행과 일일이 악수를 나눈 뒤, 손오공에게 물었어요.

"언제 다시 만날 수 있을까요?"

"우린 늘 동화 나라에 살고 있으니까 네가 동화책만 펼치면 언제든 만날 수 있어."

손오공은 마지막으로 매씨의 머리를 쓰다듬어 줬어요.

"매씨야, 너도 잘 있어. 네가 아니었으면 아마 여기까지 오지 못했을 거야."

그러자 매씨가 잘 가라고 인사를 했어요.

"멍멍!"

다시 동화 나라로 들어온 손오공 일행은 도둑맞은 불경을 되돌려

주었어요. 불경을 제자리에 놓자, 동화 나라는 다시 균형이 잡혔어요.

규칙사로 돌아오는 길에 손오공이 볼멘소리로 말했어요.

"스님, 이제 머리띠 좀 벗겨 주세요."

"머리띠? 오공아. 네 머리를 만져 보아라."

자기 머리를 만져 본 손오공은 어린아이처럼 기뻐했어요.

"와, 머리를 조이던 머리띠가 사라졌다!"

사장법사와 저팔계, 사오정은 손오공이 좋아하는 모습을 보며 빙그레 웃었어요.

도로명 주소

도로명은 '대로', '로', '길'의 3종류로 구분해요. 도로의 폭이 40m를 넘거나 왕복 8차선 이상의 도로는 '대로'라고 해요. 폭이 12m를 넘거나 왕복 2차선 이상의 도로에는 '로'를 써요. 그리고 '대로'나 '로' 이외의 도로는 그냥 '길'이라고 해요.

도로 번호는 도로의 진행 방향을 기준으로 왼쪽으로 갈라진 도로에는 홀수 번호를, 오른쪽으로 갈라진 도로에는 짝수 번호를 붙여요. 예를 들어 '시청로 4길'에서 4는 짝수이므로 시청로에서 오른쪽으로 갈라지는 작은 도로임을 나타내는 것이죠.

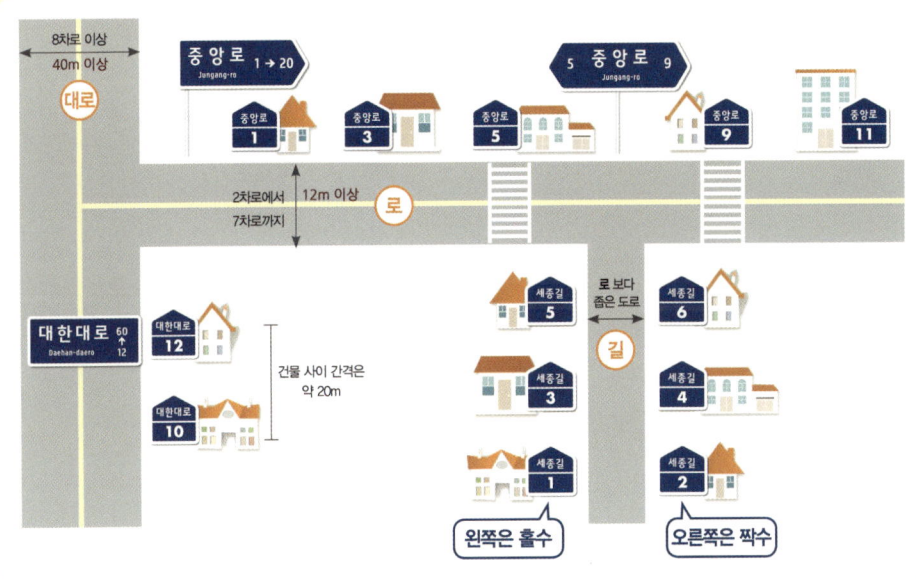

생활에서 수학 읽기

달력 이야기

고대 이집트 달력

고대 이집트인들은 1년을 365일로 하는 세계 최초의 태양력을 만들어 사용했어요. 1달을 30일로 나누어 12달을 만들고, 연말에 5일을 더하여 365일을 만들었지요. 하지만 일 년은 365일보다 약간 더 길었어요. 일 년의 정확한 길이는 365.25일이에요. 이 때문에 시간이 지날수록 달력이 계절과 맞지 않았어요.
그러자 기원전 46년쯤 로마의 가이우스 율리우스 카이샤르가 홀수 달은 31일, 짝수 달은 30일이 되도록 달력을 만들었어요. 하지만 그렇게 하면 1년이 항상 366이 되기 때문에 어떤 달 하나의 날수를 하루 줄여야 했어요. 그 당시 유럽에서는 2라는 숫자를 악마의 수로 여겼어요. 그래서 2월의 날수를 29로 만들고, 4년에 한번씩 2월에 1일을 추가해서 30일로 만들었어요. 이렇게 윤년을 두

는 달력을 '율리우스력'이라고 해요.

하지만 시간이 지나자 율리우스력도 계절과 맞지 않았어요. 율리우스력과 실제의 1년인 태양력과의 차이는 1년에 11분 14초의 차이가 생겼어요. 128년이 지나자 1일 차이가 생겼지요. 그래서 1582년 교황 그레고리 13세는 날짜를 바꾸어 그 차이를 바로 잡도록 했어요. 그레고리력에는 윤년에 대한 규칙이 하나 더 늘어났어요. 4년에 한 번씩 윤년을 두는 건 율리우스력과 똑같아요. 하지만 100으로 나누어떨어지는 해는 윤년에서 뺐어요. 그래서 100년, 200년, 300년 등은 윤년이 아니라 평년이에요. 단, 400으로 나누어떨어지는 해는 윤년이 되도록 규칙을 정했어요. 그래서 100의 배수인 1900년은 윤년이 아니지만, 100의 배수이자 400의 배수인 2000년은 윤년인 것이죠. 이렇게 규칙을 하나 더 둔 그레고리력은 실제 날수의 오차가 가장 적은 달력이에요.

현재 달력은 크게 두 가지로 나눌 수 있어요. 태양의 움직임을 기준으로 날을 세는 태양력(양력)과 달의 모양을 기준으로 날을 세는 태음력(음력)이지요. 옛날 우리 조상들은 달을 기준으로 하는 음력을 사용했어요. 그렇다 조선 말기에 '그레고리력'을 받아들여 지금까지 쓰고 있지요. 우리가 쓰고 있는 태양력인 그레고리력은 현재 거의 대부분의 나라에서 이용하고 있는 달력이에요.

그레고리 13세